超入門
フランス語

調 佳智雄 著

東京 大学書林 発行

まえがき

　本書は，超入門シリーズの一環として，初めてフランス語を学ぶ人を対象にしています．そこで，フランス語の発音表記をカタカナにしたり，説明するのに可能な限り英文法用語を採用するなど，できるだけやさしくするようにつとめました．

　ところで，フランス語の初学者に「フランス語は難しい．特に発音が難しい」という人がけっこういます．たしかに，英語で［テーブル］，［サイエンス］と発音していた table, science をフランス語では［ターブル］，［スィアンス］と発音するのですから，難しいと感じるのは当然かも知れません．しかし，先ずフランス語を学び次に英語を学ぶ人は「英語の発音は難しい」と言うことでしょう．さらに，フランス語の発音はローマ字読みに近いし，複数の読み方をする例も少ない（たとえば a はつねにア，i はつねにイと読みます）ので，実際にもそれほど難しくはないと思います．とはいうものの，フランス語特有の読み方もあります．それについては，「つづりと発音」をお読みください．

　初めてフランス語を学ぶ人に力説したいのは，仏英単語の類似性です．初めての人にも，意味の見当がつくフランス語が実にたくさんあります．それというのも，英単語の半数あるいはそれ以上がフランス語かフランス語の祖語であるラテン語に由来しているからです．その結果，先に挙げた table, science のように英語と同じつづりを持つフランス語が非常に多く存在するし，cité［スィテ］→ city, université［ユニヴェルスィテ］→ university のように té → ty というような法則性があるものもたくさんあります．そこで，本書では「つづりと発音」に続いて「仏英単語の類似性」という項目をもうけて，みなさんの語彙を効果的に増やせるようにしました．

　ここまで読むと，フランス語の学習が非常に楽だと思うかも知れません．が，大変な面もあります．たとえば動詞変化です．一つの動詞が時制・法・人称などによって変化するので，英語などよりおぼえることが

多いのです．しかし，ある程度勉強すると，見当がつくようになりますし，いったんおぼえてしまえば，動詞の形から多くのことが分かりますから楽な面もあります．

　みなさんは今フランス語という一つの山を前にしています．本書がみなさんの最初のピッケルともなれば，著者にとってこれ以上の喜びはありません．

2013年　秋　　　　　著者

目　　次

まえがき

つづりと発音 …………………………………………………1
　§1　アルファベ［アルファベット］　　§2　つづり字記号
　§3　つづり字の読み方　　§4　語と語の連結
　§5　句読記号

仏英単語の類似性 ………………………………………………6

第1課　**名詞の性と数 / 不定冠詞と定冠詞 /c'est** ……………10
　§1　名詞の性　　§2　名詞の数　　§3　不定冠詞と定冠詞
　§4　c'est 〜　 ce sont 〜

第2課　**主語人称代名詞 /être と avoir の直説法現在** ……………15
　§1　主語人称代名詞　　§2　動詞 être の直説法現在
　§3　動詞 avoir の直説法現在

第3課　**国名の性数 / 定冠詞の縮約 /il y a** ……………………20
　§1　国名の性数　　§2　定冠詞の縮約　　§3　il y a 〜

第4課　**形容詞の性と数 / 形容詞の位置 / 名詞の女性形** ……………24
　§1　形容詞の性と数　　§2　形容詞の位置
　§3　名詞の女性形　　§4　複数不定冠詞の変形

第5課　**第1・第2群規則動詞 / 部分冠詞** ……………………29
　§1　第1群規則動詞の直説法現在
　§2　変則的な第1群規則動詞の直説法現在
　§3　第2群規則動詞の直説法現在
　§4　部分冠詞

第6課　**指示形容詞 / 所有形容詞 /voici と voilà** ……………34
　§1　指示形容詞　　§2　所有形容詞　　§3　voici と voilà

第 7 課　aller と venir / 近い未来と過去 / 助動詞的動詞 ･････････39
　§1　不規則動詞 aller と venir の直説法現在
　§2　近い未来と近い過去
　§3　助動詞的動詞 vouloir, pouvoir, devoir, savoir の直説法現在

第 8 課　否定形 / 否定の de/faire 型不規則動詞 ････････････････44
　§1　否定形〈ne ... pas〉　　§2　〈ne ... pas〉以外の否定形
　§3　否定の de
　§4　faire 型不規則動詞 faire, dire, voir, partir の直説法現在

第 9 課　疑問詞のない疑問文 ･････････････････････････････････50
　§1　疑問詞のない疑問文の作り方
　　1. イントネーションによる疑問文
　　2. est-ce que ... ?
　　3. 倒置疑問文
　§2　否定疑問文

第 10 課　疑問形容詞と副詞 / 数量の副詞（句）････････････････55
　§1　疑問形容詞　　§2　疑問副詞　　§3　数量の副詞（句）

第 11 課　形容詞・副詞の比較級と最上級 / 動詞 mettre ほか ･････60
　§1　形容詞・副詞の比較級
　§2　形容詞・副詞の最上級
　§3　特殊な形を持つ比較級と最上級
　§4　不規則動詞 mettre, prendre, connaître, croire, vivre, mourir

第 12 課　直説法複合過去 ･････････････････････････････････････66
　§1　過去分詞
　§2　直説法複合過去　形と用法
　§3　複合過去の否定形・疑問形・否定疑問形

第 13 課　受動態 / 非人称動詞 ･･･････････････････････････････71
　§1　受動態　　§2　非人称動詞

第 14 課　**人称代名詞** ·· 76
　　§1　人称代名詞　　§2　目的語人称代名詞の位置と語順
　　§3　強勢形人称代名詞

第 15 課　**命令法** ·· 81
　　§1　命令法
　　　A　命令形の作り方（Ⅰ）【原則】
　　　B　命令形の作り方（Ⅱ）【例外】
　　§2　命令形と目的語人称代名詞の語順

第 16 課　**代名動詞** ·· 85
　　§1　代名動詞の直説法現在
　　§2　代名動詞の直説法複合過去

第 17 課　**関係代名詞** ·· 90
　　§1　性数変化をしない関係代名詞（1）　qui と que
　　§2　性数変化をしない関係代名詞（2）　où, dont ほか
　　§3　性数変化をする関係代名詞　前置詞＋ lequel ほか

第 18 課　**疑問代名詞** ·· 95
　　§1　性数変化をしない疑問代名詞
　　§2　性数変化をする疑問代名詞

第 19 課　**直説法単純未来と前未来 / 所有代名詞** ······················· 100
　　§1　直説法単純未来　　§2　直説法前未来
　　§3　所有代名詞

第 20 課　**直説法半過去と大過去** ····································· 105
　　§1　直説法半過去　　§2　直説法大過去

第 21 課　**直説法単純過去と前過去** ··································· 110
　　§1　直説法単純過去　　§2　直説法前過去

第 22 課　**中性代名詞 / 指示代名詞** ･････････････････････････114
　§1　中性代名詞　le, en, y
　§2　指示代名詞
　　1. 性数変化をしないもの
　　2. 性数変化をするもの

第 23 課　**現在分詞とジェロンディフ** ･････････････････････119
　§1　現在分詞　　§2　ジェロンディフ

第 24 課　**条件法** ･･････････････････････････････････････123
　§1　条件法の活用形　　§2　条件法の用法

第 25 課　**接続法** ･･････････････････････････････････････128
　§1　接続法の活用形　　§2　接続法の用法

第 26 課　**直接話法と間接話法** ･･･････････････････････････133
　§1　直接話法と間接話法：時制の照応
　§2　話法の転換文例

練習問題解答 ･･･138

超入門フランス語

つづりと発音

§1　アルファベ[アルファベット]

A ア	B ベ	C セ	D デ	E ウ	F エフ	G ジェ	H アシュ
I イ	J ジ	K カ	L エル	M エム	N エヌ	O オ	P ペ
Q キュ	R エール	S エス	T テ	U ユ	V ヴェ	W ドゥブルヴェ	X イクス
Y イグレク	Z ゼッド						

§2　つづり字記号

´	accent aigu	アクサン・テギュ	é
`	accent grave	アクサン・グラーヴ	à è ù
^	accent circonflexe	アクサン・スィルコンフレクス	â ê î ô û
¨	tréma	トレマ	ë ï ü
¸	cédille	セディーユ	ç
'	apostrophe	アポストロフ	l'ami
-	trait d'union	トレ・デュニオン	après-midi

§3　つづり字の読み方

フランス語の単語のアクセントは最終音節にあります

1) 単母音字（母音字が一つの場合）

　　a, à, â　［ア］　　table　ターブル　　là　ラ　　　âme　アーム
　　i, î, ï, y［イ］　　midi　ミディー　　île　イル　　type　ティープ
　　u, û　　　［ユ］　　tu　テュ　　　　　sûr　スュール

　　　　o, ô　　［オ］　　moto モトー　　tôt トー
　　　　語末の e　［無音］　dame ダーム
　　　　音節の最後の e［ウまたは無音］menu ムニュー　samedi サムディー
　　　　その他　　［エ］　　les レ　　　sec セーク
　　　　é, è, ê　［エ］　　été エテ　　mère メール　être エートル
2）複母音字
　　　母音字が二つ並んでも，発音は複母音とはならず，単母音となります．たとえば，ai は［アイ］ではなく［エ］となります．
　　　　ai, ei　　［エ］　　mai メ　　　　Seine セーヌ
　　　　au, eau　［オ］　　auto オトー　beau ボー
　　　　eu, œu　［ウ］　　bleu ブルー　cœur クール
　　　　ou, où　［ウ］　　nous ヌー　　où ウー
　　　　oi　　　　［ワ］　　moi ムワ
　　　◆　母音字にトレマ（¨）が付いている場合は切り離して発音します．つまり，二重母音になります．　例：naïf ナイーフ
3）鼻母音　口を開き，吐き出す息の一部を鼻から抜きながら発音します．鼻母音は〈母音字＋n または m〉というつづりを発音するときに現れます．
　　　　an, am, en, em［アン］　dans ダン　ensemble アンサンブル
　　　　in, im, ain, aim, ein［アン］　fin ファン　pain パン
　　　　un, um［アン］　lundi ランディー　　parfum パルファン
　　　　on, om［オン］　son ソン　　　　　nom ノン
4）半母音　普通の母音のように単独で一つの音節を形成することはなく，［i, u, ou］が他の母音字と並んだときにまとまって一つの音節を作ります．
　　　　i　　＋母音字　→　piano ピアノ
　　　　u　　＋母音字　→　nuit ニュイ
　　　　ou　＋母音字　→　oui ウィー

5) 子音　子音字の発音は英語の場合とほぼ同じですが，注意を要する子音字の読み方を以下に列挙します．

　　c+e, i, y［サ行］France フランス　ceci ススィー　cycle スィークル
　　c+a, o, u または子音字　［カ行］
　　　　café カフェ　　école エコル　　cube キューブ　　acte アクト
　　　　ただし，ç は［サ行］　　français フランセ　　leçon ルソン
　　ch［シュ行］　　　chat シャー　　　chose ショーズ
　　g+e, i, y［ザ行］ sage サージュ　 gilet ジレ
　　g+a, o, u または子音字　［ガ行］
　　　　gare ガール　　gomme ゴム　　figure フィギュール
　　◆　gorge［ゴルジュ］と Georges［ジョルジュ］を比べてください．
　　gn［ニャ行］ signal スィニャル　signe スィーニュ　ignorer イニョレ
　　h 発音されません．　　hôtel オテル　　silhouette スィルエート
　　ph［フ行］　　　phare ファール　　photo フォトー
　　th［タ行］　　　thé テ　　　　　　méthode メトード
　　il(l)　［イル］［ィル］　　il イル　　ville ヴィル
　　　　　［ィユ］（半母音）　　fille フィーユ
　　qu［カ行］　　quand カン　　　qui キ　　　que ク
　　s〈母音字+s+母音字〉［ザ行］base バーズ　poison プアゾン
　　　〈母音字+ss+母音字〉［サ行］basse バース　poisson プアソン
　　　その他　　　　　　　　　　　son ソン　　poste ポスト
　　sc〈sc + e, i〉［ス, スィ］scène セーヌ　science スィアンス
　　　〈sc + a, o, u〉［スカ, スコ, スク］
　　　　　　scandale スカンダル　scolaire スコレール　sculpture スキュルテュール
　　ti［ティ］ question ケスティオン　titre ティートル
　　　［スィ］ nation ナスィオン　démocratie デモクラスィー
　　x〈ex +母音字〉［グズ］examen エグザマン　exercice エグゼルスィス
　　　その他　　　［クス］taxi タクスィー　maximum マクスィモム
　　　　　　　　　［ス, ズ］six スィス　sixième スィズィエーム

語末の子音字　　　　原則として発音されない　chat シャー
◆　ただし，英単語 careful に含まれている子音字 c, r, f, l は語末でも発音されることが多い．
sac サーク　　mer メール　　canif カニフ　　animal アニマル

§4　語と語の連結

　フランス語は一定の条件下で二つの単語が音声上連結します．連結の仕方は三つあって，それがフランス語を耳にやさしい言語にしています．

1. リエゾン（連音）

　　先行する単語の発音されない語末の子音字が，後続する単語の語頭の母音と連続して発音する現象です．無音の h で始まる単語もリエゾンします．

petit と arbre → peti*t* arbre　　　　peti*t* hôtel
プティ　アルブル　　プティ**タ**ルブル　　　　　プティ**ト**テル

◆　なお，語末の子音字が d は t と，s, x は z と，また，f はときに v であるようにリエゾンされます．

grand arbre　　　　des hommes　　　　neuf heures
グラン**タ**ルブル　　　　デゾム　　　　　　　ヌヴール

2. エリズィオン（母音字省略）

je, me, te, que, de, ce, ne, le, la などは，母音字および無音の h に先行すると，j', m', t', qu', d', c', n', l', l' となります．

je ai → j'ai　　　que il → qu'il　　　ne est pas → n'est pas
ジュ エ　ジェ　　　　クイル　　キル　　　　ヌ　エ　パ　　　ネ　パ

3. アンシェヌマン（音のまたがり）

　語末の発音される子音字を後続する語の語頭の母音字とつないで発音する現象を言います．

il est　→　il est　　　　elle arrive　→　elle arrive
イル エ　　　　イレ　　　　エル アリーヴ　　　　エラリーヴ

4

§5 句読記号

.	point	プワン
,	virgule	ヴィルギュル
:	deux-points	ドゥー・プワン
;	point-virgule	プワン・ヴィルギュル
?	point d'interrogation	プワン・ダンテロガスィオン
!	point d'exclamation	プワン・デクスクラマスィオン
…	points de suspension	プワン・ドゥ・スュスパンスィオン
—	tiret	ティレ
《 》	guillemet(s)	ギュメ
( )	parenthèse(s)	パランテーズ

仏英単語の類似性

　フランス語単語と英単語とは非常によく似ていて，5割程度は容易に類推がきく，と言われています．たとえば，フランス語の **ennemi** [エヌミー]，**espace** [エスパース]，**essai** [エセ]，**exemple** [エグザンプル] を初めて見ても，容易に英語の **enemy**，**space**，**essay**，**example** に相当することが分かるでしょう．ところで，類似している仏英両単語間に一定の法則性が存在する場合があります．以下にその法則性の一部を提示し，仏英両単語を並べました．その法則性を知れば，間違いなく，フランス語の語彙が一挙に増えることでしょう．最初に法則性，次に仏英単語を列挙します．言うまでもなく左側がフランス語，右側が英語です．発音はフランス語のみカタカナで表記しました．

仏英同形類義語
このグループは何百何千語もあります．

air [エール]　album [アルボム]　bar [バール]
base [バーズ]　brave [ブラーヴ]　certain [セルタン]
danger [ダンジェ]　date [ダート]　face [ファース]
force [フォルス]　fruit [フリュイ]　guide [ギード]
latin [ラタン]　lion [リオン]　nature [ナテュール]
nation [ナスィオン]　note [ノート]　point [プワン]
port [ポール]　table [ターブル]

仏英類形類義語

アクサンを削除
général [ジェネラル] → general
élément [エレマン] → element

語末のeを削除　この型は類似語のグループのなかでも最も多い
acte [アクト] → act　　artiste [アルティスト] → artist

classe [クラース] → class   forme [フォルム] → form
groupe [グループ] → group
madame [マダーム] → madam
pianiste [ピアニスト] → pianist   poste [ポスト] → post
salade [サラード] → salad   signe [スィーニュ] → sign

語末に e を付け加える
cas [カ] → case   chocolat [ショコラ] → chocolate
cours [クール] → course   délicat [デリカ] → delicate
pin [パン] → pine   univers [ユニヴェール] → universe

-té → -ty
beauté [ボテ] → beauty   cité [スィテ] → city
humanité [ユマニテ] → humanity
qualité [カリテ] → quality   réalité [レアリテ] → reality
solidarité [ソリダリテ] → solidarity

-el → -al
naturel [ナテュレル] → natural
essentiel [エサンスィエル] → essential
officiel [オフィスィエル] → official
actuel [アクテュエル] → actual

-eux → -ous
curieux [キュリウー] → curious
fameux [ファムー] → famous
nerveux [ネルヴー] → nervous
délicieux [デリスィウー] → delicious
religieux [ルリジウー] → religious
sérieux [セリウー] → serious

-ant → -ing
charmant [シャルマン] → charming
amusant [アミュザン] → amusing

-er（動詞）→ 削除
- passer [パセ] → pass
- toucher [トゥシェ] → touch
- accepter [アクセプテ] → accept
- exciter [エクスィテ] → excit
- garder [ガルデ] → gard
- signer [スィニェ] → sign
- visiter [ヴィズィテ] → visit

-er（動詞）→ -e
- arriver [アリヴェ] → arrive
- placer [プラセ] → place
- changer [シャンジェ] → change
- charger [シャルジェ] → charge
- inviter [アンヴィテ] → invite
- refuser [ルフュゼ] → refuse

-s → -c
- danse [ダンス] → dance
- défense [デファンス] → defence

-que → -c
- musique [ミュズィーク] → music
- gymnastique [ジムナスティーク] → gymnastic
- classique [クラスィーク] → classic
- république [レピュブリーク] → republic
- Pacifique [パスィフィーク] → Pacific

-re → -er
- centre [サントル] → center
- mètre [メートル] → meter
- ordre [オルドル] → order
- tendre [タンドル] → tender
- théâtre [テアートル] → theater
- tigre [ティーグル] → tiger

-i → -y
- cri [クリ] → cry
- délai [デレ] → delay
- gai [ゲ] → gay
- parti [パルティ] → party

-ie → -y
  copie [コピー] → copy   colonie [コロニー] → colony
  économie [エコノミー] → economy
  énergie [エネルジー] → energy
-eur → -or
  acteur [アクトゥール] → actor
  directeur [ディレクトゥール] → director
  docteur [ドクトゥール] → doctor
  erreur [エルール] → error
  ambassadeur [アンバサドゥール] → ambassador
-aire → -ary
  adversaire [アドヴェルセール] → adversary
  dictionnaire [ディクスィオネール] → dictionary
  ordinaire [オルディネール] → ordinary
単子音字 → 複子音字
  bagage [バガージュ] → baggage
  coton [コトン] → cotton
  dîner [ディネ] → dinner   adresse [アドレス] → address
複子音字 → 単子音字
  dommage [ドマージュ] → domage
  hommage [オマージュ] → homage
  appartement [アパルトマン] → apartment
av- → adv-
  avance [アヴァンス] → advance
  avantage [アヴァンタージュ] → advantage
  aventure [アヴァンテュール] → adventure
î, ê, ô, â → is, es, os, as
  forêt [フォレ] → forest   hâte [アート] → hast
  hôpital [オピタル] → hospital   hôte [オート] → host
  île [イル] → isle   intérêt [アンテレ] → interest

第1課 名詞の性と数／不定冠詞と定冠詞／c'est

基本文例

1) Qu'est-ce que c'est ?　　これは何ですか．
   ケ　ス　ク　セ
2) ― C'est un livre.　　それは本です．
   セタン　リーヴル
3) ― Ce sont les lettres de　　それらはポールの手紙です．
   ス　ソン　レ　レートル　ドゥ
   Paul.
   ポール

〔語句〕
1) 基本文例1：Qu'est-ce que c'est ?　後に再度取り上げますが，さしあたっては英語の What is this (that, it) ? に相当すると考えてください．
2) **c'est** は this (that, it) is　　**un**：男性単数不定冠詞　**livre**：本
3) **ce sont** は these (those, they) are に相当します．　**les**：定冠詞の複数形　**lettre(s)**：手紙　**Paul**：ポール（男子の名前）
◆ ce と c' は同じものですが，後続の動詞が母音で始まっている場合，母音の重なりを避けて c' となります．これをエリズィオン［母音省略］と言います．

§1　名詞の性

基本文例2：C'est un livre.　それは本です．
　フランス語では，すべての名詞は男性名詞か女性名詞のいずれかに属します．そして男性名詞には男性冠詞や形容詞が付きます．livre は男性名詞なので，男性の不定冠詞 un（§3参照）が付いて un livre とな

ります．女性名詞の table［ターブル］（テーブル）であれば，女性不定冠詞 une が付いて une table となります．

ところで名詞の性は，人や動物に関しては，原則として自然の性区分に従います．

自然界の性区分による

男性名詞	père 父 ペール	roi 王 ルワ	coq 雄鶏 コーク
女性名詞	mère 母 メール	reine 王妃・女王 レーヌ	poule 雌鶏 プゥル

しかし，自然界に性区分が存在しない場合でも，文法上の性区分は存在します．たとえば，timbre［タンブル］（切手）は男性名詞で，lettre（手紙）は女性名詞です．さらに，papillon［パピヨン］（ちょう）や abeille［アベーユ］（みつばち）のような生物でも自然界の性区分ではなく，文法上の性区分に従う場合があります．

文法上の性区分による

男性名詞	crayon 鉛筆 クレヨン	soleil 太陽 ソレーユ	papillon ちょう パピヨン
女性名詞	gomme 消しゴム ゴム	lune 月 リュヌ	abeille みつばち アベーユ

§2　名詞の数

基本文例3：Ce sont les lettres de Paul.　それらはポールの手紙です．

名詞はまた常に単数形か複数形のいずれかで用いられます．本例の **les lettres** は言うまでもなく，名詞・冠詞とも複数形です．

名詞の複数形の作り方

【原則】　単数形＋**s**　（この s は発音されません）

　　　homme（人・男）→ hommes　　femme（女・妻）→ femmes
　　　オム　　　　　　　オム　　　　ファム　　　　　　ファム

（i）　つづりが s, x, z で終わる名詞は，単複同形です．

　　　fils（息子）→ fils　　voix（声）→ voix　　nez（鼻）→ nez
　　　フィス　　　フィス　　ヴワ　　　ヴワ　　ネ　　　ネ

11

（ⅱ） eau, au, eu で終わる名詞は語末に s ではなく x をつけます．
　　bateau（船）→ bateau*x*　　cheveu（髪）→ cheveu*x*
　　　バトー　　　　バトー　　　　　シュヴー　　　　シュヴー

（ⅲ） al で終わる名詞は aux となります．
　　animal（動物）→ animau*x*
　　　アニマル　　　　アニモー

（ⅳ） 単数と複数で形がまったく異なるものもあります．
　　œil（眼）→ yeux
　　　ウーユ　　　ユー

§3　不定冠詞と定冠詞

　フランス語の名詞は，人名や地名のような固有名詞を除いて，原則として冠詞を伴います．冠詞には男性形と女性形，単数形と複数形があり，修飾する名詞の性や数に従って使い分けられます．
　以下に，不定冠詞と定冠詞のすべての形を提示します．

	男性単数	女性単数	男・女性複数
不定冠詞	**un** アン	**une** ユヌ	**des** デ
定冠詞	***le*(l')** ル	***la*(l')** ラ	***les*** レ

un frère 兄（弟）　une sœur 姉（妹）　des frères　　des sœurs
　アン　フレール　　　ユヌ　スール　　　　デ　フレール　　　デ　スール
le mur 壁・塀　　　la porte 門・ドア　　les murs　　　les portes
　ル　ミュール　　　　ラ　ポルト　　　　　レ　ミュール　　　レ　ポルト
l'arbre 木　　　　　l'herbe 草　　　　　les arbres　　les herbes
　ラルブル　　　　　　レルブ　　　　　　　レザルブル　　　レゼルブ

◆　定冠詞の単数形 le と la は母音字で始まる語の前では e と a が省略され，どちらも l' となります．また，フランス語では h は発音されないので，l'hôtel ［ロテル］（ホテル）のように h で始まる語の前でもエリズィオンします．ただし，le héros ［ル・エロ］（英雄）のように，h で始まりながらエリズィオンもリエゾン（連音）もしない場合があります．エリズィオンやリエゾンをする h を「無音の h」，そうでないない h を「有音の h」と言

います．なお，有音無音は辞書で簡単に分かります．h で始まる単語の頭に何らかの記号（たとえば「†」）が付いていれば（†héros）その単語は有音，そうでなければ無音です．

【不定冠詞と定冠詞の使い分け】

不定冠詞は初めて話題になる場合のようにまだ限定されていない名詞に用いられ，単数形は「ある（ひとつの）」，複数形は「いくつかの」というほどの意味を表します．基本文例2の **un livre** がそうです．

これに対して定冠詞は，すでに話題に上ったものを指して「あの，その」というほどの意味を表したり，基本文例3の **les lettres de Paul** のように de（～の）などで限定される場合等に用いられます．

§4　c'est～　ce sont～

c'est「それは～です」と ce sont「それらは～です」は qu'est-ce que c'est ?「これは何ですか」という問いに答えるものです．指すものが単数であれば **C'est un livre**（基本文例2），複数であれば **Ce sont des livres**［ス　ソン　デ　リーヴル］（それらは本です）と答えます．

ce（c'）は中性の指示代名詞で，主語として働いています．しかも，男性名詞でも女性名詞でも，また単数名詞でも複数名詞でも指すことができます．また，英語の指示代名詞より指す範囲が広く，**this, that, it, these, those** などに相当し，日本語の「こ（そ，あ）れは（が）」，複数の「こ（そ，あ）れらは（が）」に相当します．**est** と **sont** は英語の **is** と **are** に当たります．

— 四季 —

春 printemps　　夏 été　　秋 automne　　冬 hiver
　プランタン　　　　エテ　　　　オトーヌ　　　　イヴェール

練習問題 1

1. 次の名詞の複数形を書きなさい．
   journal（新聞）　　　bras（腕）　　question（質問・問題）
   tuyau（管・パイプ）　œil（目）　　gaz（ガス・気体）

2. 次の名詞に不定冠詞をつけなさい．
   (　　) maison（家）　　　　　(　　) chapeau（帽子）
   (　　) heures（時間・〜時）　(　　) musées（美術館）

3. 次の名詞に定冠詞をつけなさい．
   (　　) hôpital（病院）　　　(　　) hache（おの・まさかり）
   (　　) cahier（ノート・帳面）(　　) adresses（住所）

4. 和文仏訳
   あれは何ですか．　―あれはジャン（Jean）の帽子です．

第2課 主語人称代名詞/être と avoir の直説法現在

基本文例

1) Je suis à Paris.　　　私はパリにいます．
　　ジュ　スュイザ　パリ
2) Vous êtes médecin.　　あなたは医者です．
　　ヴーゼート　　メドサン
3) Nous avons une voiture.　私たちは車を一台持っています．
　　ヌーザヴォン　　ユヌ　ヴワテュール

〔語句〕

1) **je suis** は I am　**à**：場所（に，で）を表す前置詞　2) **vous êtes** は you are　**médecin**：医者　3) **nous avons** は we have　**voiture**：車

§1　主語人称代名詞

まず，基本文例1，2，3に顔を出している主語人称代名詞のすべてを以下に提示します．

人称	単　　　数	複　　　数
1	**je**（＝ I）　私は（が） ジュ	**nous**（＝ we）私たちは（が） ヌー
2	**tu**（＝ you）　きみは（が） テュ	**vous**（＝ you）きみたちは（が） ヴ　　　　　　あなた（方）は（が）
3	**il**（＝ he, it）彼・それは（が） イル **elle**（＝ she, it）彼女・それは（が） エル	**ils**（＝ they）彼ら・それらは（が） イル **elles**（＝ they）彼女ら・それらは（が） エル

英語と違う点は，1人称単数の je は，ほかの人称代名詞同様，文頭の場合を除いて小文字を用いること，および3人称の人称代名詞は人ばかりではなく，物も指すことです．したがって英語の3人称の主語代名詞

との関係は il = he & it, elle = she & it ; ils = they, elles = they となります．

ところで，2人称主語代名詞の **tu** と **vous** には，次のような関係があります．すなわち，**tu** は単数の2人称主語代名詞として，家族や友人間，年長者や目上の人が年少者や目下の人など，一言で言えばざっくばらんな口をきくことのできる人に対して用いられます．その複数形は **vous** ですが，この **vous** が実は単数としても用いられるのです．年長者や目上の人あるいは初対面の人など，ていねいな口をきかなければならない人に対しては単数形は **tu** ではなく，**vous** が用いられます．その複数形も **vous** です．今説明した2人称主語代名詞の用法を，次にまとめます．

	単数	複数
親称	tu	vous
敬称	vous	vous

§2　動詞 être の直説法現在

　基本文例1：**Je suis à Paris.**　　　　私はパリにいます．
　基本文例2：**Vous êtes médecin.**　　あなたは医者です．

　基本文例に出てくる **suis** と **êtes** は英語の **be** 動詞に相当する動詞 **être**［エートル］の直説法現在の活用形です．英語では，辞書の見出し語には原形が用いられますが，フランス語の場合は不定詞が用いられます．つまり，**être** は原形ではなく，**to be** に相当する不定詞なのです．また，直説法とは耳なれない用語ですが，後に他の「法」と対比しながら説明します．さしあたり，英語の現在形と同様に考えてください．

　ところで英語の動詞は，原則3人称単数現在を除いて同じ活用形をしていますね．これに対してフランス語は，ふつう，人称と数（単・複）によってそれぞれ形が違います．これは現在形ばかりでなく，今後出てくるすべてのケースでもそうです．したがってフランス語の場合，すべ

ての動詞は，次の表のように，前節で学んだ主語人称代名詞とともに提示します．

être（ある・いる，〜です）の直説法現在形

数	人称	主語人称代名詞＋活用	数	人称	主語人称代名詞＋活用
単数	1	*je suis* ジュ スュイ	複数	1	*nous sommes* ヌー ソム
	2	*tu es* テュ エ		2	*vous êtes* ヴーゼート
	3	*il est* イ レ *elle est* エ レ		3	*ils sont* イル ソン *elles sont* エル ソン

◆　il est は区切って発音すれば［イル・エ］ですが，il の l を後ろに送って［イ・レ］と発音します．elle est は［エ・レ］です．このような現象をアンシェヌマン（音のまたがり）と言います．

◆　vous êtes は区切って発音すれば，［ヴー・エート］ですが，実際は［ヴーゼート］と発音します．フランス語はウエのように母音の連続を避けるために，音声上死んでいた子音字を生き返らせて次の母音字と続けて発音することがあります．このような現象を「リエゾン」（連音）と言います．ただし，連音する子音字が s と x は z のように，d は t のように，また f はときに v のように発音されます．

　この être には，be 動詞同様，大別して「ある，いる」と「〜です」の二つの意味があります．基本文例 1：**Je suis à Paris.** は前者（私はパリにいます），基本文例 2：**Vous êtes médecin.** は後者（あなたは医者です）です．

　ところで基本文例 2 ですが，英語なら **you are a doctor** と不定冠詞が必要でしょう．しかし，フランス語では不要です．主語が名詞または人称代名詞で動詞が être の場合，補語が国籍・職業・身分・宗教等に関する名詞であれば，ふつう冠詞は不要です．

　もう一例挙げると，**Il est chrétien.**　彼はクリスチャンです．
イ レ　クレティアン

§3　動詞 avoir の直説法現在

基本文例3：Nous avons une voiture.　私たちは車を一台持っています．

avons は have 動詞に相当する avoir［アヴワール］の活用形です．その直説法現在の活用は以下の通りです．

avoir（持つ）の直説法現在形

数	人称	活用	数	人称	活用
単数	1	j'ai ジェ	複数	1	nous avons ヌーザヴォン
	2	tu as テュ ア		2	vous avez ヴーザヴェ
	3	il a イラ elle a エラ		3	ils ont イルゾン elles ont エルゾン

◆　je ai はエリズィオンして j'ai［ジェ］となります．

7

─ 基数 1〜20 ─

1 un, une アン，ユヌ	2 deux ドゥー	3 trois トルワ	4 quatre カートル
5 cinq サンク	6 six スィス	7 sept セート	8 huit ユィート
9 neuf ヌフ	10 dix ディス		
11 onze オンズ	12 douze ドゥーズ	13 treize トレーズ	14 quatorze カトルズ
15 quinze カンズ	16 seize セーズ	17 dix-sept ディセート	18 dix-huit ディズュイート
19 dix-neuf ディズヌフ	20 vingt ヴァン		

◆　1) 基数の 1 に当たる un と une は不定冠詞と同じ．
　　2) 基数は名詞または形容詞として機能するが，une は女性形容詞としてのみ使用される．

練習問題 2

1. カッコ〈 〉内の指示に従って主語を変えて，全文を書き改めなさい．
   1) Vous êtes avocat（弁護士）.〈私〉
   2) Elle a une montre（時計）.〈きみ〉
   3) Je suis dans le jardin（庭）.〈彼ら〉
   4) Nous avons des amis（友だち）.〈あなた方〉

2. 仏文和訳
   1) Elle est devant l'église（教会）.
   2) La sœur de Paul est à Londres（ロンドン）.
   3) Ils sont agents de police（警官）.
   4) Son fils a vingt (20) ans.
   5) Nous avons raison, mais ils ont tort.
      avoir raison：正しい　　avoir tort：間違っている

3. 和文仏訳
   1) あれは何ですか．—それはポール（Paul）の雑誌 revue（複数）です．
   2) 彼女はキー（clé）を 2（deux）本持っています．

第3課 国名の性数/定冠詞の縮約/il y a

基本文例

1) Nous sommes en France.　ぼくらはフランスにいる．
   ヌー　　ソムザン　　フランス

2) J'ai un appartement au Japon.　私は日本にマンションを持っている．
   ジェ　アンナパルトゥマン　オ　ジャポン

3) Il y a un vase sur la table.　テーブルの上に花びんがある．
   イリヤ　アン　ヴァーズ　スュール　ラ　ターブル

〔語句〕

1) **en**：場所（に，で）の前置詞　**France**：フランス　2) **appartement**：マンション，アパート　**au**：à（場所の前置詞）＋le（§2参照）　**Japon**：日本　3) **Il y a 〜**：〜がある　**vase**：花びん　**sur**：の上に　**table**：テーブル

§1　国名の性数

基本文例1：Nous sommes en France.　ぼくらはフランスにいる．

FranceとJaponという二つの名詞には単に国が違うばかりではなく，文法上の違いがあります．というのは，Franceは女性名詞，Japonは男性名詞であるからです．また，国名はふつうは単数ですが，アメリカやオランダのように複数の場合もあります．

以下に，いくつか国名を列記します．

男性名詞：**Japon** 日本　　**Brésil** ブラジル　　**Canada** カナダ
　　　　　ジャポン　　　　　ブレズィル　　　　　　カナダ

　　　　　Iran イラン　　**États-Unis**（複数）アメリカ
　　　　　イラン　　　　　　エタズュニー

　　　　　Pays-Bas（複数）オランダ
　　　　　ペイ　バ

20

女性名詞：France フランス　　Angleterre イギリス
　　　　　Allemagne ドイツ　　Italie イタリア　　Chine 中国
　　　　　Inde インド

　国が違えば，国名にかかわる冠詞や代名詞はもちろん，前置詞が違う場合もあります．国名が女性名詞であれば場所の前置詞は **en** となります．**en** にはふつう冠詞は不要なので，「フランスに」は **en France** となります．

　しかし，「日本に」は **en Japon** とはなりません．

§2　定冠詞の縮約

　基本文例2：J'ai un appartement au Japon.
　　　　　　　私は日本にマンションを持っている．

　国名が男性名詞であれば場所の前置詞は **en** ではなく **à** となります．しかも男性名詞の国名には定冠詞が必要です．その上 **à** と **le** が合体して **au**［オ］となり，**au Japon** となります．この現象を「定冠詞の縮約」と言います．縮約するのは前置詞 **à** と **de** の場合だけです．したがって次の4例しかありません．

à ＋定冠詞	de ＋定冠詞
à le → *au*　　à les → *aux*	de le → *du*　　de les → *des*

◆　à la, à l', de la, de l' の場合は縮約しません．

　§1では国名の前に前置詞 **en** を用いるのは，国名が女性名詞の場合と言いましたが，実は，男性名詞でもイランのように母音で始まる場合にも **en** が用いられます（**en Iran**）．

　国名が複数の例を挙げます．

　　Tu es aux États-Unis.　きみは合衆国にいます．

　次に，前置詞 **de** と定冠詞が縮約する例を挙げます．

Tokyo est la capitale du Japon.　東京は日本の首都です。
トーキョウ　エ　ラ　カピタル　デュ　ジャポン

◆　縮約は国名ばかりではなく，普通名詞の場合にも起こります．

du matin au soir　朝から晩まで　（de ～ à ～：～から～まで）
デュ　マタン　オ　スワール

§3　il y a ～

基本文例3：Il y a un vase sur la table.　テーブルの上に花びんがある．

　il y a ～「～がある」は英語の there is にほぼ相当します．が，構文的には大きな違いがあり，したがって用法に違いが生じます．there is a vase はご存じの通り，S + V の構文で，主語は vase です．だから vase が複数になれば，それに応じて動詞も複数形の are となり，there are vases となります．

　ところが，il y a un vase では，主語は非人称代名詞の il, 動詞は英語の have（= avoir）の3人称単数形に当たる a です．ですから vase は直接目的語です．ちなみに，y は「そこに」という意味の副詞で，英語の there に当たります．したがって，il y a ～ は S + V + O の構文になります．くどいようですが，この構文では主語は3人称単数の il ですから，目的語の vase が単数であろうと複数であろうと動詞は常に a です．言いかえると，il y a は英語の there is と there are に相当するのです．

　もう次の文例はお分かりですね．基本文例3と比較して下さい．

　　Il y a deux livres sur la table.　テーブルの上に本が2冊あります．
　　イリヤ　ドゥー　リーヴル　スュール ラ ターブル

◆　直接目的語の livres が複数になっても，述語動詞 a は単数のままです．

― 方位 ―

東（の）est　　西（の）ouest　　南（の）sud　　北（の）nord
　　　エスト　　　　　ウェスト　　　　　スュード　　　　ノール

◆　方位に関する形容詞は性数不変

練習問題 3

1. カッコ内に適当な定冠詞の縮約形を入れなさい．
   1) la Gare (　　) Nord　　　　　　（パリの）北駅
   2) la Gare (　　) Est　　　　　　　（同）東駅
   3) le drapeau (　　) Pays-Bas　　　オランダの旗

2. 仏文和訳
   1) J'ai mal au ventre（腹）． avoir mal à 〜「〜が痛い」
   2) J'ai mal aux *dents（歯）．　＊歯痛の場合は複数になります．
   3) Elle est au bureau（事務所）．
   4) Ils sont aux champs（畑）．

3. 和文仏訳
   1) パリはファッション（mode）の都（capitale）です．
   2) それはブラジル（Brésil）の旗です．
   3) 庭（jardin）に1本の木（arbre）があります．

第4課 形容詞の性と数/形容詞の位置/名詞の女性形

基本文例

1) Elles sont grandes.　　彼女らは背が高い．
   エル　ソン　グランド

2) Il a un livre intéressant.　　彼は面白い本を持っている．
   イラ　アン　リーヴル　アンテレサン

3) C'est une étudiante　　こちらは勤勉な（女子）学生
   セテュネテュディアント　　さんです．
   sérieuse.
   セリゥーズ

4) Elles ont de belles voix.　　彼女たちはきれいな声をして
   エルゾン　ドゥ　ベル　ヴワ　　います．

〔語句〕

1) **grand**(**e**)(**s**)：背が高い・大きい　　2) **intéressant**：面白い　　3) **étudiant**(**e**)：（女子）学生　**sérieuse**：まじめな　sérieux［セリウー］の女性形　　4) **belles**：beau（美しい）の女性複数形　**voix**：声　**de**：複数不定冠詞 des の変形（§4 参照）

§1　形容詞の性と数

基本文例1：Elles sont grandes.　彼女らは背が高い．

grand**es** は grand の女性複数形です．付加形容詞は修飾する名詞の性数と一致し，補語形容詞は主語の性数と一致します．基本文例1は後者に当たります．辞書にはふつう男性単数形だけ記載されています．

女性形や複数形はふつう男性単数形から，以下のようにして，作られます．

1. 形容詞の女性形の作り方

原則は男性形容詞の語末に e をつけます．その結果，発音が変わることがあります．

【原則】 男性形＋e

petit（小さい）→ petite
プティ　　　　　　プティート

以下，この原則から外れる女性形の作り方を示しますが，多くは一定の法則性を持っています．

ⅰ） e で終わっている形容詞は男女同形です． -e → -e
jeune［ジュヌ］（若い）→ jeune［ジュヌ］

ⅱ） er で終わっている形容詞は ère となります． -er → -ère
dernier［デルニエ］（最後の）→ dernière［デルニエール］

ⅲ） f で終わっている形容詞は ve となります． -f → -ve
actif［アクティフ］（活動的な）→ active［アクティーヴ］

ⅳ） eux で終わっている形容詞は euse となります．-eux → -euse
heureux［ウルー］（幸福な）→ heureuse［ウルーズ］

ⅴ） 短母音の場合，語尾の子音を重ねます． -□ → -□□e
bon［ボン］（よい）→ bonne［ボヌ］

ⅵ） 特別な女性形を持つものもあります．
blanc（白い）→ blanche　　doux（甘い）→ douce
ブラン　　　　　ブランシュ　　　　ドゥー　　　　　　ドゥース
long（長い）→ longue　　frais（新鮮な）→ fraîche
ロン　　　　　ロング　　　　　　フレ　　　　　　　　フレーシュ

ⅶ） また，2種類の男性形を持つ形容詞があります．男性第2形は母音字または無音の h で始まる名詞の前で用いられます．なお，この種の形容詞の女性形は第2男性形の語末に le を加えます．

男性第1形	男性第2形	女性形
beau［ボー］（美しい）	*bel*［ベル］	*belle*［ベル］
nouveau［ヌゥヴォー］(新しい)	*nouvel*［ヌゥヴェル］	*nouvelle*［ヌゥヴェル］
vieux［ヴィウー］（年老いた）	*vieil*［ヴィエーユ］	*vieille*［ヴィエーユ］

bel homme　美男子　　nouvel an　新年　　vieil ami　昔なじみ
ベロム　　　　　　　　　ヌゥヴェラン　　　　　ヴィエヤミー

2. 形容詞の複数形の作り方

参考文例：**Ils sont jeunes.**　彼らは若い.
イル　ソン　ジュヌ

補語形容詞の **jeunes** は主語 **ils** の数と一致して複数になっています．形容詞の複数形は名詞の場合同様，原則は単数形の語末に **s** を付けます．すなわち，男性複数形は男性単数形に **s** を，女性複数形は女性単数形に **s** をつけます．

【原則】　単数形＋s

petit → petits　　petite → petites
プティ　　プティ　　　プティート　　プティート

◆　原則以外の複数形の作り方も第1課 §2 で示した名詞の場合に準じます．

§2　形容詞の位置

基本文例2：**Il a un livre intéressant.**　彼は面白い本を持っている．

品質形容詞（ここでは **intéressant**）は文例の通り名詞の後ろから修飾するのがふつうです．ただし，形容詞が英語同様名詞に先行する場合もあります．

【原則】　名詞＋形容詞

sac noir 黒い鞄　　　　　**chiens blancs** 白い犬
サーク ヌワール　　　　　　　シアン　　ブラン

mer bleue 青い海　　　　 **robes rouges** 赤いドレス
メール ブルー　　　　　　　　ローブ　ルージュ

◆　ただし，日常よく使われるつづりの比較的短い形容詞 **jeune**, **beau**, **joli** などは，英語同様，形容詞＋名詞 の語順になります．

bel arbre 美しい木　　　　**jeune dame** 若い婦人
ベラルブル　　　　　　　　　　ジュヌ　ダーム

jolies filles きれいな娘たち
ジョリ　フィーユ

◆　まれに位置によって意味が異なる形容詞もあります．

mère pauvre 貧しい母親　　**pauvre mère** あわれな母親
メール　ポーヴル　　　　　　　 ポーヴル　メール

§3　名詞の女性形

基本文例3：C'est une étudiante sérieuse.
　　　　　　　　こちらは勤勉な（女子）学生さんです．

　全員が男子学生の場合および男女学生が混じっている場合は男性複数形 **étudiants** が用いられます．名詞にはそれぞれ固有の性がありますが，人間や動物に関する名詞のなかには，étudiant(e)(s) の場合のように，男性形から女性形が作られるものもあります．
　その作り方は形容詞の女性形の作り方に準じます．

【原則】　男性形＋**e**

　　　　ami 友達 → ami**e**（女の）友達
　　　　　アミー　　　　　　アミー
　　　　marchand 商人 → marchand**e**（女）商人
　　　　　マルシャン　　　　　　　マルシャンド

◆　以下，本課§1を参照して下さい．

§4　複数不定冠詞の変形

基本文例4：Elles ont de belles voix.
　　　　　　　　彼女たちはきれいな声をしています．

　この文例中の de は前置詞ではなく，不定冠詞の複数形 des が変形したものです．すなわち，〈複数形容詞＋複数名詞〉に冠せられる複数不定冠詞は，一般に des ではなく de となります．

des bons films → **de** bons films　よい映画
　デ　ボン　フィルム　　　ドゥ　ボン　フィルム

◆　ただし，〈形容詞＋名詞〉が一体化して一語のような意味を帯びている場合は，**des** のままです．

　　　des jeunes filles　若い娘たち
　　　　デ　ジュヌ　フィーユ
　　　des petits pois　グリンピース
　　　　デ　プティ　ブワ

練習問題 4

1. 次の形容詞または名詞の女性形を書きなさい．
   haut（高い）　　　　actif（活動的な）　　　dangereux（危険な）
   blanc（白い）　　　　chien（犬）　　　　　　acteur（俳優）

2. 次の形容詞の男性複数形を書きなさい．
   gros（太った）　　　beau（美しい）　　　　national（国の）

3. 次の形容詞の女性複数形を書きなさい．
   gros　　　　social　　　　long　　　　vieux（年を取った）

4. 仏文和訳
   1) Les montres suisses（スイスの）sont excellentes（すぐれた）．
   2) Elle a une nouvelle voiture（車）．

5. 和文仏訳
   1) ジャン（Jean）のお嬢さん（fille）たちはチャーミングな（charmant）声（voix）をしている．
   2) 先生（professeur）の時計はテーブルの上にある．

第5課

第1・第2群
規則動詞/部分冠詞

基本文例

1) Je parle français.
   ジュ パルル フランセ
   ぼくはフランス語を話します．

2) Il appelle le nom de Laurent.
   イラペル ル ノン ドゥ ローラン
   彼はローランの名を呼ぶ．

3) Le concert finit à dix heures.
   ル コンセール フィニ ア ディズール
   コンサートは十時に終わる．

4) Le matin, nous mangeons du pain.
   ル マタン ヌー マンジョン デュ パン
   朝，私たちはパンを食べる．

〔語句〕

1) **parle**：parler（話す）の直説法現在形　**français**：フランス語
2) **appelle**：appeler（呼ぶ）の直説法現在形　**nom**：名前　**Laurent**：ローラン（男子の名前）　3) **concert**：コンサート　**finit**：finir（終わる）の直説法現在形　**dix**：10　**heure(s)**：時（じ）　4) **matin**：朝　**mangeons**：manger（食べる）の直説法現在形　**du**：部分冠詞（§4参照）　**pain**：パン

§1 第1群規則動詞の直説法現在

基本文例1：Je parle *français.　　ぼくはフランス語を話します．
　　　　参考：Vous parlez bien　あなたはフランス語を上手に話す．
　　　　　　　*le français.

＊ある国語を母国語として話したり母国語のように上手に話す場合は，冠詞抜きで国語名を用います（基本文例1：parler français）．ただし，

parler と français の間に副詞などが入ると，参考文例のように定冠詞の le が必要になります．

フランス語の動詞は第 1 群と第 2 群の規則動詞と不規則動詞の 3 グループに分類されます．第 1 群規則動詞の不定詞の語尾は例外なく er で，このグループは全動詞のおよそ 9 割を占めています．基本文例の動詞 parler は第 1 群規則動詞です．その直説法現在形を以下に提示します．

parler［パルレ］（話す）の直説法現在

je parle ジュ パルル	nous parlons ヌー パルロン
tu parles テュ パルル	vous parlez ヴー パルレ
il parle イル パルル	ils parlent イル パルル
elle parle エル パルル	elles parlent エル パルル

◆ 1) 三人称単数の il と elle，複数の ils と elles の動詞の活用形は，全動詞が例外なく同一形ですから，今後は原則として il と ils のみを提示します．

2) 第一群規則動詞の活用語尾は，例外なく，-e［発音しない］，-es［発音しない］，-e［発音しない］，-ons［オン］，-ez［エ］，-ent［発音しない］です．また，語幹は不定詞から er を除いた部分です．

3) 不定詞の語尾が er であるのに第 1 群規則動詞ではない動詞は aller［アレ］（行く），envoyer［アンヴワイェ］（送る），renvoyer［ランヴワイェ］（送り返す）の 3 動詞だけです．

§2 変則的な第 1 群規則動詞の直説法現在

基本文例 2：Il appelle le nom de Laurent. 彼はローランの名を呼ぶ．

本例中の動詞 appeler は第 1 群規則動詞と同じ活用語尾 -e，-es，-e，-ons，-ez，-ent を持ちながら，語幹のほんの一部が普通の第 1 群規則動詞と違う，いわば変則的な第 1 群規則動詞です．以下にその代表的な動詞の直説法現在形を示します．

◆ 変則的な部分を「太字斜体」にしています．

placer 置く
（プラセ）

je place (ジュ プラース)	nous pla***ç***ons (ヌー プラソン)
tu places (テュ プラース)	vous placez (ヴー プラセ)
il place (イル プラース)	ils placent (イル プラース)

appeler 呼ぶ
（アプレ）

j'appe***ll***e (ジャペル)	nous appelons (ヌーザプロン)
tu appe***ll***es (テュ アペル)	vous appelez (ヴーザプレ)
il appe***ll***e (イラペル)	ils appe***ll***ent (イルザペル)

参考：Il je***tt***e (jeter) une pierre dans l'eau. 彼は石を水に投げる．
（イル ジェット　　　　　ユヌ　ピエール　ダン　ロー）

lever 上げる
（ルヴェ）

j'l***è***ve (ジュ レーヴ)	nous levons (ヌー ルヴォン)
tu l***è***ves (テュ レーヴ)	vous levez (ヴー ルヴェ)
il l***è***ve (イル レーヴ)	ils l***è***vent (イル レーヴ)

manger 食べる
（マンジェ）

je mange (ジュ マンジュ)	nous mang***e***ons (ヌー マンジョン)
tu manges (テュ マンジュ)	vous mangez (ヴー マンジェ)
il mange (イル マンジュ)	ils mangent (イル マンジュ)

参考：Elles ach***è***tent des fruits au marché.
（エルザシェート　　デ　フリュイ　オ　マルシェ）
彼女たちは市場で果物を買う．

§3 第2群規則動詞の直説法現在

基本文例3：Le concert finit à dix heures. 　コンサートは十時に終わる．

文例中の動詞 finit は第2群規則動詞です．この群の動詞は不定詞の語尾 ir を -is ［イ］，-is ［イ］，-it ［イ］，-issons ［イソン］，-issez ［イセ］，-issent ［イス］と置き換えて作ります．ただし，不定詞の語末が ir でありながら，規則動詞ではない例も多数あります．

finir の直説法現在

je fin***is*** (ジュ フィニ)	nous fin***issons*** (ヌー フィニソン)
tu fin***is*** (テュ フィニ)	vous fin***issez*** (ヴー フィニセ)
il fin***it*** (イル フィニ)	ils fin***issent*** (イル フィニス)

参考：Cécile choisit une robe bleue.
（セシール　ショワズィ　ユヌ　ローブ　ブルー）
セシールは青いドレスを選びます．

31

§4　部分冠詞

基本文例 4：Le matin, nous mangeons du pain.
　　　　　　　朝，私たちはパンを食べる．

　本例 pain の前の du は第 3 課で学んだ定冠詞の縮約形の一つと同じ形をしていますが，実はこれは英語にはない「部分冠詞」という第 3 の冠詞です．

　まず，以下にその形を示します．複数形はありません．

男性単数	女性単数
du（de l'）	de la（de l'）

　[用例] du vin［デュ ヴァン］（ワイン）　de l'eau［ドゥ ロー］（水）
◆　後続する名詞が母音または無音の h のとき，部分冠詞は de l' となります．

部分冠詞は物質名詞や抽象名詞が不特定の量を表すときに用いられます．次の二つの文例をご覧ください．

　a)　Il mange de la viande.　　　　　　　彼は肉を食べる．
　　　イル　マンジュ　ドゥ ラ　ヴィアンド

　b)　Il aime la viande.　　　　　　　　　彼は肉が好きだ．
　　　イレーム　ラ　ヴィアンド

　a)　「肉を食べる」という表現には，200g とか 300g と言わなくても，しかじかの量の肉という量の観念が含まれています．そこで viande（肉）には部分冠詞 de la がついているのです．基本文例 4 の pain に部分冠詞 du が付いているのも同じ理由によります．

　b)　これに対して「彼は肉が好きだ」の場合，量とは無関係に肉そのものが好きだという意味です．つまり，この表現には量の観念は含まれていません．そこで，viande には部分冠詞ではなく，総称的な意味（〜というもの）を表す定冠詞が用いられているのです．

練習問題 5

1. カッコ内に，適切な冠詞を書きなさい．
   1) Il a (　　　) argent.　　　　　彼はお金を持っている．
   2) Nous avons (　　　) chance !　　ぼくらは運がいい！
   3) (　　　) chevaux sont (　　　) animaux.　　馬は動物です．
   4) Il y a (　　　) beurre dans (　　　) pot.　　びんのなかにバターがある．

2. カッコ内に，次に挙げた動詞の適切な形を書きなさい．
   　　　préférer　　　commencer
   1) Nous (　　　　　　) à manger.　　われわれは食べ始める．
   2) Je (　　　　　　) le café au thé.　　私は紅茶よりコーヒーの方が好きです．

3. 仏文和訳
   1) Elles marchent très vite.
   2) Louis regarde（見る）la télé après le dîner.
   3) Vous réussissez（成功する）dans les affaires（事業）.
   4) Ils obéissent（obéir à 〜：〜に従う）bien aux grandes personnes（大人）.

4. 和文仏訳
   1) 彼女らは音楽（musique）が好きです．
   2) 私は肉を買います．
   3) 彼女は赤い靴（chaussures）を選びます（choisir）．
   4) 彼らはニューヨーク（New York）に住んで（habiter）います．

第6課 指示形容詞/所有形容詞/voiciとvoilà

12

基本文例

1) Il aime beaucoup ce roman.　彼はこの小説が大好きです．
   イレーム　ボクー　ス　ロマン

2) Je parle de ma famille.　ぼくは自分の家族の話をします．
   ジュ　パルル　ドゥ　マ　ファミーユ

3) Voici mon fils et voilà ma fille.　こちらが息子で，あちらが娘です．
   ヴワスィ　モン　フィス　エ　ヴワラ　マ　フィーユ

〔語句〕

1) **aime**：aimer（愛する）の直説法現在形　**beaucoup**：大いに　**ce**（男性単数指示形容詞）：こ（そ，あ）の　**roman**：小説　　2) **parle**：parler（話す）の直説法現在形　**parler de 〜**：〜について話す　**ma**（所有形容詞）：私の　**famille**：家族　　3) **voici 〜**：ここに〜があ（い）る　**et**：と，そして（＝ and）　**voilà 〜**：あそこに〜があ（い）る　**mon**（所有形容詞）：私の　**fils**：息子　**fille**：娘

§1　指示形容詞

基本文例1：Il aime beaucoup ce roman.　彼はこの小説が大好きです．
ce は指示形容詞で，つねに名詞に先行して人や物を指し示します．以下に指示形容詞と日本語の対応関係を提示します．

男性単数	女性単数	男・女性複数
ce(**cet**) こ(そ，あ)の ス(セト)	**cette** こ(そ，あ)の セト	**ces** これ(それ，あれ)らの セ

◆　cet は男性単数第2形です．

34

ce mur この壁　　cet escalier その階段　　cette porte あの門・戸
　　　　　　　　ces fenêtres こ(そ，あ)れらの窓

◆　名詞の後に -ci がつくと近い方を，-là がつくと遠い方を指すことになります．

　　　ce livre-ci この本　　ces revues-là そ(あ)れらの雑誌

§2　所有形容詞

基本文例2：**Je parle de ma famille.** ぼくは自分の家族の話をします．
まず，次の所有形容詞の表を見て下さい．

所有者 \ 被所有物	男性単数	女性単数	男・女性複数
単数 1人称 my	**mon** 私の	**ma** 私の	**mes** 私の(複数の)
単数 2人称 your	**ton** きみの	**ta** きみの	**tes** きみの(複数の)
単数 3人称 his, her	**son** 彼(女)の	**sa** 彼(女)の	**ses** 彼(女)の[複数の]
複数 1人称 our	**notre** 私たちの	**notre** 私たちの	**nos** 私たちの(複数の)
複数 2人称 your	**votre** あなた(方)の／きみたちの	**votre** あなた(方)の／きみたちの	**vos** あなた(方)の[複数の]／きみたちの[複数の]
複数 3人称 their	**leur** 彼(女)らの	**leur** 彼(女)らの	**leurs** 彼(女)らの[複数の]

「私の息子」は英語では my son，フランス語では mon fils です．両者は一見非常によく似ています．が，文法上はっきりした違いがあります．すなわち，my は代名詞の所有格ですが mon は所有形容詞です．この代名詞と形容詞という品詞の差が両者の用法に大きな違いを生み出すのです．

被所有物が息子でなく娘であれば，「私の娘」は **ma fille** となります．**fils** が男性名詞であるのに **fille** が女性名詞であるからです．また，被所有物が複数の場合は **mes fils（filles）** となります．つまり，**mon, ma, mes** はいずれも **my** に相当するのです．ちなみに，「私たちの一人の息子（娘）」は **notre fils（fille）**，「私たちの複数の息子（娘）たち」は **nos fils（filles）** となります．

　もう一例挙げます．**son père** は「彼の父親」とは限りません．「彼女の父親」の可能性もあります．**son** という男性形容詞が使われるのは所有者が男性であるからではなく，被所有者 **père** が男性名詞であるからです．同様に **sa mère** は「彼または彼女の母親」という意味です．代名詞である **his** と **her** が所有者の性によって使い分けられる英語の場合とは，はっきり違います．

　次に **leur** ですが，これは所有者は複数で被所有物（者）は単数ですから，「彼（女）らの単数の」という意味です．これに対して **leurs** は，所有者・被所有物（者）ともに複数ですから「彼（女）らの複数の」という意味です．例を挙げます．

　　leur père 彼（女）らの父親　　**leur mère** 彼（女）らの母親
　　　ルール　ペール　　　　　　　　　　　　ルール　メール
　　leurs parents 彼（女）らの両親
　　　ルール　パラン

◆　母音または無音の **h** で始まる女性名詞語の前では **ma, ta, sa** の代わりに **mon, ton, son** が使われます．

　　　mon amie 私の（女の）友だち
　　　　モナミー

　　　ton autre chaise 君の別ないす ［比較：**ta chaise**］
　　　　トンノートル　シェーズ　　　　　　　　　タ　シェーズ

◆　第2課の§1で取り上げた **tu** と **vous** と同じ関係が第2人称の所有形容詞 **ton, ta, tes** と **votre, vos** の間にも成立します．すなわち，**ton** の系列は所有者が単数で，親しい間柄に用いられます．2人称の所有者が複数の場合は，言うまでもなく **votre** の系列が用いられます．また丁寧な物言いが必要な相手には，所有者が単数の場合も複数の場合も，この **votre** の系列が用いられ

ます．

 ton livre きみの本　　**tes revues** きみの（複数の）雑誌
 トン　リーヴル　　　　　　テ　ルヴュー

 votre voiture きみたちの車・あなた（たち）の車
 ヴォトル　ヴワテュール

§3　voici と voilà

 基本文例3：Voici mon père et voilà ma mère.
     こちらが父で，あちらが母です．

 voici と voilà は物事を提示する場合に用いられる語で，動詞 voir［ヴワール］（見る）の単数命令形の古い形 voi と場所の副詞 ci（ここに）および là（そこに）の複合語です．したがって，この語には「ほら，ここに（そこに）〜があるから見なさい」というニュアンスが含まれています．voici と voilà が対比的に用いられる場合，言うまでもなく前者が近い方を，後者が遠い方を指します．しかし，単独で用いる場合は，voilà が多用される傾向があります．

— 月 —

1月 **janvier**　ジャンヴィエ	2月 **février**　フェヴリィエ	3月 **mars**　マルス
4月 **avril**　アヴリル	5月 **mai**　メ	6月 **juin**　ジュアン
7月 **juillet**　ジュイィエ	8月 **août**　ウート	9月 **septembre**　セプタンブル
10月 **octobre**　オクトーブル	11月 **novembre**　ノヴァンブル	12月 **décembre**　デサンブル

練習問題 6

1. 例にならって次の各文を書き換えなさい．
　　　例）　J'ai un livre. → C'est mon livre.
　1）　J'ai des gommes.
　2）　Tu as une robe（ドレス）.
　3）　Ils ont des élèves（生徒）.

2. 例にならって定冠詞の部分を指示形容詞に書き換えなさい．
　　　例）　le livre → ce livre
　1）　la voiture（車）
　2）　l'avion（飛行機）
　3）　le crayon（鉛筆）
　4）　les tables

3. 仏文和訳
　1）　Il essuie（ふく）ses mains avec sa serviette.
　2）　Nous avançons（進める）la date de notre départ.
　3）　Voilà un cahier. C'est le cahier de mon ami.
　4）　Je finis mes devoirs（宿題）des grandes vacances.

4. 和文仏訳
　1）　（ほら）これがマリ（Marie）の時計です．
　2）　こちらに一冊の本が，あちらに何冊かの雑誌がある．

第7課 aller と venir/近い未来と過去/助動詞的動詞

基本文例

1) Ma sœur va au théâtre ce soir.
   マ スール ヴァ オ テアートル ス スワール
   妹は今夜劇場に行きます．

2) Nous allons rentrer à la maison.
   ヌーザロン ラントレ ア ラ メゾン
   私たちは家に帰るところです．

3) Je dois chercher un emploi.
   ジュ ドワ シェルシェ アンナンプルワ
   ぼくは職を探さなければなりません．

〔語句〕

1) **va**：aller（行く）の直説法現在形　**aller à ～**：～に行く　**théâtre**：劇場　**ce soir**：今夜　2) **allons rentrer**：帰るところです（§2参照）　**maison**：家　3) **dois**：devoir（…しなければならない）の直説法現在形　**chercher**：探す　**emploi**：職，仕事

§1　不規則動詞 aller と venir の直説法現在

基本文例1：Ma sœur va au théâtre ce soir.　妹は今夜劇場に行きます．
　第5課で学んだ第1群，第2群規則動詞以外は，すべて不規則動詞です．
　まず，aller と venir の直説法現在形とその用例をを記します．

aller［アレ］行く		venir［ヴニール］来る	
je vais ジュ ヴェ	nous allons ヌーザロン	je viens ジュ ヴィヤン	nous venons ヌー ヴノン
tu vas テュ ヴァ	vous allez ヴーザレ	tu viens テュ ヴィヤン	vous venez ヴー ヴネ

il va　　　ils vont　　　　　il vient　　　ils viennent
イル ヴァ　　イル ヴォン　　　イル ヴィヤン　　イル ヴィエンヌ

参考：Je viens des Etats-Unis.　　私はアメリカ出身です（から
　　　ジュ ヴィヤン デゼタズュニー　　　　　来ました）．

◆ venir de 〜は「〜から来る」．de は「出発点・出身」（から）の前置詞．des は de ＋ les．

§2　近い未来と近い過去

基本文例2：Nous allons rentrer à la　　我々は家に帰るところです．
　　　　　maison.

ここでは，aller は本来の「行く」という意味を表してはいません．実は，〈aller ＋他の動詞の不定詞〉は，形こそ現在形ですが，基本文例2のように近い未来「…するところだ」「これから…する」を表しています．

◆ 〈aller ＋不定詞〉が「…しに行く」という意味で使われることもあります．

Il va chercher son ami à la gare.　　彼は駅に友だちを迎えに行
イル ヴァ シェルシェ ソンナミー ア ラ ガール　　　きます

また，〈venir de ＋不定詞〉は近い過去「…したところだ」を表します．

Elle vient d'acheter cette maison.　　彼女はこの家を買ったばか
エル ヴィヤン ダシュテ セト メゾン　　　りです．

◆ 前置詞 de を伴わない〈venir ＋不定詞〉は「…しに来る」という意味です．

Nous venons voir votre père.　　私たちはお父上に会いに来
ヌー ヴノン ヴワール ヴォトル ペール　　　ました（来ています）．

§3　助動詞的動詞 vouloir, pouvoir, devoir, savoir の直説法現在

基本文例3：Je dois chercher un emploi.
　　　　　ぼくは職を探さなければなりません．

本節に取り上げた４動詞には共通する特徴があります．基本文例３では，二つの動詞 devoir（= dois）と chercher が並んでいますね．最初の動詞 devoir は英語の助動詞 must のような働きをしています．

　残りの動詞 pouvoir, vouloir, savoir も助動詞的な働きを持っています．しかし，フランス語では，これらの動詞を決して助動詞とは言いません．助動詞とは，第２課で学んだ être と avoir しか指さないのです．それに，これらの動詞は本動詞としての機能も持っています．

　devoir［ドゥヴワール］の例を挙げると，

　　　Je dois cent euros à Louis.　ぼくはルイに 100 ユーロ借りている．

つまり devoir には「…しなければならない」と「〜を負う」の二つの用法と意味があるのです．次に，この４動詞の直説法現在形とその用例を記します．

devoir		vouloir（〜を望む，…したい）	
je dois	nous devons	je veux	nous voulons
tu dois	vous devez	tu veux	vous voulez
il doit	ils doivent	il veut	ils veulent

参考１：Je veux visiter un jour l'Italie.
　　　　ぼくはいつかイタリアを訪ねたい．

参考２：Il veut une autre tasse de café.
　　　　彼はもう１杯コーヒーをほしがっている．

pouvoir（…できる，してもいい）		savoir（〜を知る，…できる）	
je peux(puis)	nous pouvons	je sais	nous savons
tu peux	vous pouvez	tu sais	vous savez
il peut	ils peuvent	il sait	ils savent

◆ pouvoir の一人称単数はふつう peux が用いられます．しかし，後に第9課で学ぶ倒置疑問文に限り puis が用いられます．
Puis-je fumer? ［ピュイジュ フュメ］ たばこを吸ってもかまいませんか．

参考1：Tu peux sortir cet après-midi. きみは午後出かけてもいいよ．
　　　テュ プー ソルティール セタプレ ミィディー

参考2：Jeanne sait trois langues. ジャンヌは3カ国語できる（分かる）．
　　　ジャンヌ セ トルワ ラング

参考3：Nous savons jouer du piano. 私たちはピアノが弾けます．
　　　ヌー サヴォン ジュウェ デュ ピアノ

― 基数 20〜 ―

(20 vingt)　　　21 vingt et un(e)　　　22 vingt-deux
　　(ヴァン)　　　　ヴァンテ アン(ユヌ)　　　ヴァントドゥー
23 vingt-trois
　　ヴァントトルワ
30 trente　　　31 trente et un(e)
　　トラント　　　トランテ アン(ユヌ)
40 quarente　　50 cinquante　　　　60 soixante
　　カラント　　　　サンカント　　　　　　スワサント
70 soixante-dix　　　71 soixante et onze
　　スワサント ディス　　スワサンテ オンズ
80 quatre-vingts　　　81 quatre-vingt-un(e)
　　カートルヴァン　　　　カートルヴァンアン
90 quatre-vingt-dix　　91 quatre-vingt-onze
　　カートルヴァン デイス　カートルヴァンオンズ
99 quatre-vingt-dix-neuf　　100 cent
　　カートルヴァン ディズヌフ　　　サン
1,000 mille　　10,000 dix mille　　1,000,000 un million
　　　ミル　　　　　ディミル　　　　　　　　アン ミリオン

練習問題 7

1. 次の動詞の中から適当な動詞を選んで，正しい活用形をカッコ内に書きなさい．

    devoir, pouvoir, venir, vouloir

1) Je (　　　　) de téléphoner à mon oncle.　　ぼくは伯父に電話をしたところだ．
2) Tu (　　　　) aller à l'école demain. 　　きみは明日学校に行かなくっちゃね．
3) Il (　　　　) acheter ce jeu vidéo. 　　彼はこのテレビゲームを買いたがっている．
4) Nous (　　　　) venir demain. 　　ぼくらは明日来られます．

2. 仏文和訳
1) Tu vas avoir dix ans.
2) Je dois travailler（働く，勉強する）jusqu'à（〜まで）six heures.
3) Elles savent conduire（運転する）la voiture.

3. 和文仏訳
1) 彼女は泳げます（nager）．
2) 彼女は病院（hôpital）に着いた（arriver）ところです．
3) あなたのいとこ（従妹）さんがこの人形（poupée）をほしがっている．

第8課 否定形/否定のde/faire型不規則動詞

基本文例

1) Je ne suis pas français.　　ぼくはフランス人ではありません．
2) Tu ne regardes jamais la télévision.　　きみは決してテレビを見ないね．
3) Julie n'a pas de sœurs.　　ジュリーには姉妹はいません．
4) Il fait du tennis tous les week-ends.　　彼は週末毎にテニスをする．

〔語句〕

1) **ne ... pas**：代表的否定形　**français**：フランス人　2) **regardes**：regarder（見る，眺める）の直説法現在形　**ne ... jamais**：否定の一形式（強い否定）　**télévision**（= **télé**）：テレビ　3) **Julie**：女子の名前　**sœur**：姉または妹　**de**：否定のde（§3参照）　4) **fait**：faire（する・作る）の直説法現在形　**tennis**：テニス　**tous**：すべての（= tout）　**week-end**：週末

§1 否定形〈ne ... pas〉

基本文例1：Je ne suis pas français.　ぼくはフランス人ではありません．
　否定形は，本例のように，neとpasで動詞をはさむのが原則です．ただし，il y aの否定形は動詞aだけではなく，場所の副詞yも一緒にneとpasではさんで，il n'y a pasとなります．また，vouloirやpouvoirのような助動詞的な機能を有する動詞と別の動詞の不定詞が並ぶ場合は，前者だけをneとpasではさみます．以上の原則はほか

のすべての時制や法にも適用されます．

　　参考１：Il n'aime pas les carottes.
　　　　　　イル　ネーム　パ　レ　カロット
　　　　　　　　彼は人参が好きではありません．

　　参考２：Nous ne voulons pas parler ce soir.
　　　　　　ヌー　ヌ　ヴゥロン　パ　パルレ　ス　スワール
　　　　　　　　ぼくらは今夜は話したくありません．

§2　〈ne ... pas〉以外の否定形

　基本文例２：Tu ne regardes jamais la télévision.
　　　　　　　　きみは決してテレビを見ないね．

否定形は〈ne ... pas〉以外にもあります．その主なものを以下に列記します．

　ne ... jamais：決して…ない

　　これは基本文例２のケースで，強い否定を表します．

　ne ... plus：もう（もはや）…ない

　　Elles ne sont plus en Italie.　彼女たちはもうイタリアにはいません．
　　エル　ヌ　ソン　プリュ　アンニタリー

否定文はまた，副詞 pas に代わって personne や rien のような不定代名詞が用いられることもあります．その場合，これらの代名詞が ne に先行することもあります．

　ne ... personne（***personne ne ...***）：誰も…ない

　　Il n'y a personne dans l'autobus.　　バスの中には誰もいない．
　　イル　ニヤ　ペルソヌ　ダン　ロトビュス

　　Personne n'apprécie ce tableau.　　誰もこの絵を評価しません．
　　ペルソヌ　ナプレスィ　ス　タブロー

　ne ... rien（***rien ne ...***）：何も…ない．

　　Il ne regarde rien maintenant.　　彼は今何も見ていません．
　　イル　ヌ　ルガルド　リヤン　マントナン

さらに，pas の代わりに接続詞の ni や que が用いられることもあります．

　ne ... ni A ni B：A も B も…ない

　　Je n'ai ni femme ni enfant.　ぼくには妻も子もいません．
　　ジュ　ネ　ニ　ファム　ニ　アンファン

ne ... que：しか…ない（だけ…する）　部分否定．部分肯定でもあります．

　　　Elle n'a que dix euros.　彼女は10ユーロしか持っていません．
　　　エル　ナ　ク　ディズゥロー

§3　否定の de

　基本文例３：Julie n'a pas de sœurs.　ジュリーには姉妹はいません．

　本例は Julie a des sœurs.「彼女には姉妹がいます」を否定文に書き換えたものです．二つの文章を比べてください．基本文例は肯定文に ne（n'）... pas が加わっているほかに，不定冠詞の複数形の des が de にかわっていますね．実は〈**否定文では直接目的語の不定冠詞と部分冠詞は de となる**〉という規則があるのです．この de は否定の de と呼ばれます．さらに数例を挙げます．

　　　参考１：J'ai une moto.　　　　　　　ぼくはオートバイを持って
　　　　　　　ジェ　ユヌ　モトー　　　　　　　　　　　　　　いる．
　　　　　　→ Je n'ai pas *de* moto.　　　ぼくはオートバイを持って
　　　　　　　ジュ　ネ　パ　ドゥ　モトー　　　　　　　　　　いない．
　　　参考２：Il mange du pain.　　　　　彼はパンを食べます．
　　　　　　　イル　マンジュ　デュ　パン
　　　　　　→ Il ne mange pas *de* pain.　彼はパンを食べない．
　　　　　　　イル　ヌ　マンジュ　パ　ドゥ　パン
　　　参考３：Il y a un vase sur la table.　テーブルの上に花びんが
　　　　　　　イリヤ　アン　ヴァーズ　スュール　ラ　ターブル　　　ある．
　　　　　　→ Il n'y a pas *de* vase sur　テーブルの上に花びんは
　　　　　　　イル　ニヤ　パ　ドゥ　ヴァーズ　スュール
　　　　　　　la table.　　　　　　　　　　　　　　　　　ない．
　　　　　　　ラ　ターブル

　il n'y a pas の場合も否定の de の法則が適用されます（第３課参照）．

◆　〈否定の de〉の法則が成立するには「否定文」であること，「直接目的語」であること，直接目的語の冠詞が「不定冠詞か部分冠詞」であることの三つの条件を満たさなければなりません．

　参考１：Ce n'est pas un *crayon.　　　これは鉛筆ではない．

　　　　　＊crayon は直接目的語ではなく，補語です．
　参考２：Je n'aime pas ＊le chocolat.　　私はチョコレートは好きで
　　　　　　　　　　　　　　　　　　　　　　　　はありません．
　　　　　＊le は不定冠詞でも部分冠詞でもなく，定冠詞です．

§4　faire 型不規則動詞 faire, dire, voir, partir の直説法現在

　基本文例４：Il fait du tennis tous les week-ends.
　　　　　　　　彼は週末毎にテニスをする．

　faire には大きく分けて「作る」と本文例の「～をする」の二つの意味があります．以下に，faire と似たような活用語尾を持つ不規則動詞を集めました．

　不規則動詞とはいえ，単数形に関しては，直説法現在形の活用語尾の型は数種類しかありません．ここに挙げた動詞の単数形の活用語尾はすべて，-s, -s, -t です．複数形の場合はもっと簡単で，ほとんどすべての不規則動詞の複数形の語尾は -ons, -ez, -ent です．例外はすでに学んだ être, avoir, aller とここに示した faire と dire の５例だけです．

　　　faire［フェール］する・作る　　　　dire［ディール］言う
　　　je fais　　　nous faisons　　　je dis　　　nous disons
　　　　ジュ フェ　　　ヌー　　フゾン　　　　　ジュ ディ　　　ヌー　　ディゾン
　　　tu fais　　　vous faites　　　tu dis　　　vous dites
　　　　テュ フェ　　　ヴー　　フェート　　　　テュ ディ　　　ヴー　　ディート
　　　il fait　　　ils font　　　　il dit　　　ils disent
　　　　イル フェ　　　イル　フォン　　　　　イル ディ　　　イル　ディーズ

　参考：Elle dit la vérité à ses enfants.
　　　　　エル ディ ラ ヴェリテ ア セザンファン
　　　　　　彼女は子どもたちに真実を語る．

　　　voir［ヴワール］見る　　　　partir［パルティール］出発する
　　　je vois　　　nous voyons　　　je pars　　　nous partons
　　　　ジュ ヴワ　　　ヌー　　ヴワヨン　　　　ジュ パール　　　ヌー　　パルトン
　　　tu vois　　　vous voyez　　　tu pars　　　vous partez
　　　　テュ ヴワ　　　ヴー　　ヴワイエ　　　　テュ パール　　　ヴー　　パルテ
　　　il voit　　　ils voient　　　il part　　　ils partent
　　　　イル ヴワ　　　イル　ヴワ　　　　　イル パール　　　イル　パルト

参考１：Je vois un petit bateau　　　橋の下に小舟が見えます．
　　　　sous le pont.
参考２：Ils partent deman matin.　　彼らは明日の朝出発します．

練習問題 8

1. 次の動詞の中から適当なものを選び，その正しい形をカッコ内に記しなさい．

　　　　devoir,　dire,　faire,　partir,　savoir,　vouloir
1) Ils （　　　　）voir Jean.　彼らはジャンに会いたがっている．
2) Il （　　　　）demain pour la France.
   　　彼は明日フランスに向けて出発する．
3) Vous （　　　　）qu'il n'est plus là.
   　　あなたは彼がもう家にはいないことを知っていますね．
4) Elle （　　　　）prendre cet avion.
   　　彼女はこの飛行機に乗らなければなりません．
5) Jeanne （　　　　）du gâteau.　ジャンヌはお菓子を作ります．
6) Je （　　　　）bonjour à mes camarades.
   　　ぼくは友だちにおはようと言う．

2. 次の文章を否定文に書き換えなさい．
1) Ce sont des sacs （かばん）.
2) Nous aimons le vin.
3) Vous avez du fromage （チーズ）.
4) Il y a des chats sous la table.

3. 仏文和訳
1) Vous ne voyez rien.

2) Il y a du sucre（砂糖）dans le pot.
3) Nous ne mangeons que des légumes（野菜）.
   - ◆ ne ... que の構文には否定の de の規則は適用されません．冠詞は不変です．

4. 和文仏訳
   1) 彼には兄弟（frères）がいない．
   2) きみは決して家族（famille）の話をしないね．
   3) ぼくはこの冬（cet hiver）スイス（Suisse）でスキー（ski）をしたい．

第9課 疑問詞のない疑問文

> **基本文例**
>
> 1) Elle est actrice ?　　　　　彼女は女優さんですか．
>   エレ　タクトリス
> 2) Est-ce que tu aimes　　　　きみはオペラが好きですか．
>   エス　ク　テュ　エーム
>   l'opéra ?
>   ロペラ
> 3) Avez-vous des enfants ?　　お子さんはいらっしゃいますか．
>   アヴェ　ヴー　デザンファン
> 4) N'êtes-vous pas　　　　　　お疲れではありませんか．
>   ネート　ヴー　パ
>   fatigué ?
>   ファティゲ

〔語句〕

1) **actrice**：女優．俳優・男優は acteur［アクトゥール］　　2) **est-ce que … ?**：疑問文の一形式（§1 参照）　**aimes**：aimer（愛する）の直説法現在形　**opéra**：オペラ　　3) **enfant**：子供　　4) **n'êtes-vous pas**：倒置否定疑問文（§2 参照）　**fatigué**：疲れた（形容詞）

§1　疑問詞のない疑問文の作り方

　この課で取り扱うのは疑問詞のない疑問文です．その疑問文の作り方は三通りありますが，いずれも今後扱うすべての時制や法にも適用されます．

　1. **イントネーションによる疑問文**

　　基本文例1：Elle est actrice ?　彼女は女優さんですか．

　　この形式の疑問文は，口頭では文末を上げて発音し，文章では文末に疑問符〈**?**〉をつけるだけです．この形式は日常会話で用いら

れます．答えには，後に肯定文が続く場合には冒頭に **Oui**［ウィー］（＝ Yes）が，否定文が続く場合には **Non**［ノン］（＝ No）が先行します．

  参考１：— **Oui, elle est actrice.**   ええ，彼女は女優です．
      ウィー

  参考２：— **Non, elle n'est pas actrice.** いいえ，彼女は女優では
      ノン エル ネ パザクトリス   ありません．

2. **est-ce que**［エスク］...？

  基本文例２：**Est-ce que tu aimes** きみはオペラが好きで
       l'opéra ?   すか．

 この形式の疑問文は平叙文の文頭に〈**Est-ce que（qu'）**〉をつけるだけです．この種の疑問文もまた，もっぱら日常会話で用いられます．**Est-ce que** に，母音字で始まる文章が続く場合，**que** はエリズィオン（母音省略）して〈**qu'**〉となります．

  参考：**Est-ce qu'elle va en Europe ?** 彼女はヨーロッパに行き
     エス ケル ヴァ アンヌロープ   ますか．

3. 倒置疑問文

  基本文例３：**Avez-vous des enfants ?** お子さんはいらっしゃい
                ますか．

 この型の疑問文は，英語同様，主語と動詞が倒置されます．しかし違う点もあります．第一の違いは，フランス語では，倒置された動詞と主語がハイフン（-）で結ばれる点です．第二の違いは，主語が代名詞の場合と名詞の場合では倒置の仕方が違う点です．

（a）主語が代名詞の場合は単純倒置：

   動詞 – 主語代名詞 …？

 基本文例３がこれに当たります．ただし，主語が il, elle, on（「一般に人は」あるいは「人々は」という意味の単数主語代名詞）のいずれかで，動詞の三人称単数形の語尾が e または a で終わる場合は，倒置した動詞と il, elle, on との間に，次の文例のように **-t-** をはさみます．この **t** は単に音の調子をととのえ

るためのもので，意味はありません．

　　参考：Il parle japonais.　　→ Parle-t-il japonais ?
　　　　　　　彼は日本語を話します．

　　また，特別な例として，il y a があります．この倒置形は y a-t-il［ヤティル］とおぼえてください．

　　参考：Il y a un vase sur la table.
　　　　　　テーブルの上に花びんがあります．
　　　　　→ Y a-t-il un vase sur la table ?

(b) 主語が名詞の場合は複合倒置：

> 主語名詞 動詞 - 代名詞 …？

　　文例：Paul joue au football.　　ポールはサッカーをします．

　　本例のように主語が名詞の場合，主語名詞を文頭に置いたまま，名詞を人称代名詞で受け直し，改めて動詞とその人称代名詞とを倒置します：

　　　　→ Paul joue-t-il au football ?　　ポールはサッカーをしますか．

§2　否定疑問文

　基本文例4：N'êtes-vous pas fatigué ?　　お疲れではありませんか．
　　参考1：Vous n'êtes pas fatigué ?
　　参考2：Est-ce que vous n'êtes pas fatigué ?

　基本文例4は倒置による否定疑問文の例ですが，日常会話では，しばしば否定文の文末に単にクエスチョンマークをつけたり，否定文の文頭に Est-ce que を先行させる方式が用いられます（参考1 & 2）．

　しかし書き言葉では，基本例文4のように，肯定疑問文の〈動詞－主語代名詞〉の部分を ne（n'）と pas ではさんで否定疑問文を作ることがあります．そして，**答えに肯定文が続く場合には Si［スィー］**が，否定文が続く場合には Non［ノン］が先行します．

52

参考1： ― Si, je suis fatigué.　　　　　ええ，疲れています．
　　　　　　スィー　ジュ スュイ ファティゲ

参考2： ― Non, je ne suis pas fatigué. いいえ，疲れていません．
　　　　　　ノン　ジュ ヌ スュイ　パ ファティゲ

ただし〈il y a ...〉の否定倒置疑問文は，〈動詞－主語代名詞〉だけではなく y も ne と pas ではさみ，n'y a-t-il pas［ニヤティル パ］... ? となります．

参考3： N'y a-t-il pas de fleurs dans　庭に花はありませんか．
　　　　ニヤティル　　パ ドゥ　フルール　ダン
　　　　le jardin ?
　　　　ル ジャルダン

― 序数 ―

序数は原則として基数に ième を加えて作る．

例： 3ᵉ troisième　　10ᵉ dixième　　17ᵉ dix-septième
　　　トルワズィエーム　　ディズィエーム　　ディセティエーム
　　　20ᵉ vingtième　　21ᵉ vingt et unième　　100ᵉ centième
　　　ヴァンティエーム　　ヴァンテ　ユニエーム　　サンティエーム

ただし，「第一(の)」は 1ᵉʳ premier (1ᵉʳᵉ première)
　　　　　　　　　　　　プルミエ　　　　プルミエール

その他　語末の e は削除　quatre → quatrième (4ᵉ)
　　　　　　　　　　　　　カートル　　カトリエーム

また，cinq には u が加わって cinquième (5ᵉ) となり，neuf
　　　サンク　　　　　　　　サンキエーム　　　　　　　　ヌフ
の場合は f が v と交代して neuvième (9ᵉ) となる．
　　　　　　　　　　　　　ヌヴィエーム

― 年号・日付・帝王 ―

1789 年　　　　　　mil sept cent quatre-vingt-neuf
4 月 1 日　　　　　　le 1ᵉʳ (premier) avril
ナポレオン一世　　　Napoléon 1ᵉʳ (premier)
ルイ十四世　　　　　Louis XIV (quatorze)
　◆　1日および一世のみ序数を使用する．

練習問題 9

1. 次の各文を例にならって**倒置疑問形**に書き換えなさい．
   　　例）C'est un crayon. → Est-ce un crayon ?
   1) Elle parle anglais. 　　　　　彼女は英語を話します．
   2) Sa cousine est heureuse. 　　彼（女）の従姉（妹）は幸せです．
   3) Vous n'êtes pas allemand. 　あなたはドイツ人ではありません．

2. 仏文和訳
   1) Julie fait-elle la cuisine tous les soirs ?
   2) N'y a-t-il pas de banque près d'ici ?
      　　près de 〜：〜の近くに
   3) N'est-il pas en France ?
      — Si, il est en France.
      — Non, il n'est pas en France.

3. 和文仏訳　カッコ内の指示に従って下さい．
   1) 彼はゴルフ（jouer au golf）をしませんか？
      　　（est-ce que を使用）
   2) 彼女は音楽が好きですか？（倒置形）
   3) つぼ（pot）に塩（sel）はありますか？（倒置形）
   4) きみにはお子さん（enfant）はいませんか？（倒置形）

第10課 疑問形容詞と副詞／数量の副詞（句）

基本文例

1) Quel âge avez-vous ?　　おいくつですか．
   ケラージュ　アヴェ　ヴー
2) Où est Sophie ?　　ソフィーはどこにいますか．
   ウー　エ　ソフィー
3) Il mange beaucoup.　　彼はたくさん食べます．
   イル　マンジュ　ボクー

〔語句〕

1) **quel**：疑問形容詞（＝what）　**âge**：年齢　　2) **où**：疑問副詞（＝where）　**Sophie**：ソフィー（女子の名前）　　3) **beaucoup**：たくさん，おおいに

§1　疑問形容詞

基本文例1：Quel âge avez-vous ?　　おいくつですか．

基本文例中の **quel**「なんの，いかなる，どんな，どの」はほぼ英語の what に相当し，名詞を修飾したり補語として働いたりします．ただし，what とは違って，疑問代名詞として用いられることはありません．また，quel は品質形容詞の場合と同じく，修飾する名詞の性数に応じて，次のように変化します．発音はいずれも［ケル］です．

男性単数	女性単数	男性複数	女性複数
quel［ケル］	***quelle***［ケル］	***quels***［ケル］	***quelles***［ケル］

参考1：***Quelle*** est cette boutique ?　　あの店は何屋さんですか．
　　　　ケレ　　セト　ブゥティーク

参考2：***Quels*** sont ces animaux ?　　これらの動物は何ですか．
　　　　ケル　　ソン　セザニモー

◆　quel は直接疑問文ばかりでなく，間接疑問文にも用いられます．

Je ne sais pas quelle est la situation. ぼくには状況がどう
なのか知りません．

quel はまた，what 同様，感嘆文にも用いられます．

Quel bonheur !　　　　　　　なんて幸せなんだろう！

Quelle belle maison !　　　　なんて美しい家なのでしょう！

また，〈quel(le)(s)＋名詞〉の前に前置詞がつくことがあります．

A quelle heure commence la classe ?　授業は何時に始まるの？

§2　疑問副詞

基本文例2：Où est Sophie ?　ソフィーはどこにいますか．

où は英語の where に相当する場所の疑問副詞です．以下に主な疑問副詞を，これにほぼ相当する英語の疑問副詞を添えて提示します．

où	quand	combien	pourquoi	comment
= where	= when	= how much	= why	= how
どこに（で）	いつ	どれだけ，いくら	なぜ，どうして	どのように，どんなふうに

疑問副詞を伴う疑問文は，英語のそれと同じく，主語と動詞が倒置されます．

参考1：Quand arrive-t-il ?　　　　彼はいつ着くの？

Combien coûte cet appareil-photo ?　このカメラはおいくらですか．

参考2：Comment allez-vous ?　　　お元気ですか？

— Je vais très bien, merci.　ありがとう，元気です．

参考3：Pourquoi est-il absent ?　彼はどうして休んでいるの？

— Parce qu'il est malade.　病気だからです．

◆ pourquoi は，主語が名詞の場合，単純倒置ではなく複合倒置になります．

  Pourquoi Cécile est-elle absente ?　　どうしてセシールは休んでいるのですか．

◆ 疑問副詞はまた，感嘆文に用いられることがあります．

  Combien je suis heureuse !　　私はなんて幸せなんでしょう．

さらに，疑問副詞は，英語の場合同様，前置詞と合体することがあります．

d'où（= from where）「どこから」

 参考：***D'où*** venez-vous ?　　あなたはどこから来たの？

combien de（= how many）＋無冠詞名詞「いくつの，どれだけの」

 参考：***Combien d'***enfants avez-vous ?　　お子さんは何人いらっしゃいますか？

  — Je n'ai qu'un enfant.　　一人しかいません．

§3 数量の副詞（句）

基本文例3：Il mange beaucoup.　　彼はたくさん食べます．

(a) ***beaucoup*** は数量の副詞と呼ばれる副詞の一つです．数量の副詞も，副詞の常として，動詞，形容詞，および別の副詞を修飾します．以下に他の代表的な数量の副詞とその文例をあげます．

 beaucoup の反対の意味を持つのが un peu と peu です．un peu は肯定的表現「少しは…ある」で英語の a little に相当し，peu は否定的表現「ほとんど（あまり）…ない」で英語の little に相当します．

 un peu：Ce vase est ***un peu*** cher, n'est-ce pas ?　　この花びんは少々高いね．

57

◆ n'est-ce pas ? は，多くの場合肯定文または否定文の文末に付けて相手の同意を求める言い回しで，「…ね」に相当します．

peu：Il aime **peu** les enfants.
イレーム　ブー　レザンファン
彼はあまり子どもが好きではありません．

trop：Vous parlez toujours **trop** vite.
ヴー　パルレ　トゥジュール　トロ　ヴィート
あなたはいつも早口すぎます．

◆ trop は英語の too に相当し，過度「…過ぎる」を意味します．

(b) 今取り上げた数量の副詞（句）はすべて副詞的に働きますが，〈数量の副詞(句)＋ de〉は形容詞的に機能します．

beaucoup de ～：多数（大量）の～

Il a **beaucoup d'**amis français.
イラ　ボクー　ダミー　フランセ
彼にはフランス人の友人がたくさんいます．

un peu de ～：少しの～

Il y a **un peu de** sucre.　砂糖が少しあります．
イリヤ　アン　ブー　ドゥ　スュークル

peu de ～：ほとんど（あまり）～がない

J'ai **peu d'**argent.　ぼくはほとんどお金を持っていない．
ジェ　ブー　ダルジャン

trop de ～；あまりに多くの～（過ぎる）

Elle achète **trop de** gâteaux.
エラシェート　トロ　ドゥ　ガトー
彼女はお菓子をたくさん買いすぎる．

combien de ～：いくつの～，どれだけの～

後続の名詞が複数なら数について，単数なら量についてたずねています．

Combien d'enfants avez-vous ?
コンビヤン　ダンファン　アヴェ　ヴー
お子さんは何人いらっしゃいますか．

Depuis combien de temps est-elle ici ?
ドゥピュイ　コンビヤン　ドゥ　タン　エテル　イスィー
彼女はどれくらい前からここにいるのですか．

練習問題 10

1. 以下にあげた疑問副詞（句）の中から適当なものを選び，文中の空白を埋めなさい．

   　　　comment, 　pourquoi, 　depuis quand, 　à quelle

   1) (　　　　　) part-il tout seul ?　　　彼はどうして一人で出かけるの？
   2) (　　　　　) habitez-vous en Chine ?　　　いつから中国にお住まいですか？
   3) (　　　　　) trouvez-vous ce film ?　　　この映画をどう思いますか？
   4) (　　　　　) heure commence l'opéra ?　　　オペラは何時に始まりますか？

2. 仏文和訳
   1) Combien de jours de congé（休み）avez-vous ?
   2) Quel jour est-ce (sommes-nous) aujourd'hui（今日）?
       ― C'est (Nous sommes) lundi.
   3) Jusqu'à quand（いつまで）reste-t-il à Berlin ?
       ― Il reste à Berlin jusqu'à la fin de ce mois.

3. 和文仏訳
   1) トイレ（toilettes）はどこにありますか？
   2) あなたは何の花（fleur）が好きですか．
   3) 彼女たちは少々疲れて（fatigué）います．

第11課 形容詞・副詞の比較級と最上級／動詞 mettre ほか

基本文例

1) Elle est plus grande que Julie.
   彼女はジュリーより背が高い．

2) Tu es le plus grand de la classe.
   きみはクラスで一番背が高い．

3) Ce vin-ci est meilleur que ce vin-là.
   このワインはあのワインよりおいしい．

4) Où est-ce que tu mets ta clé ?
   きみは鍵をどこに置くの？

〔語句〕
1) **plus**：比較の副詞（= more） **grand**(**e**)：背が高い，大きい **que**：比較の第二項を導く接続詞 2) **le plus ... de ～**：～のなかで一番…　**classe**：クラス　3) **vin**：ワイン　**meilleur**：bon（よい）の比較級（= better）　4) **où est-ce que**：どこに　**mets**：mettre（置く）の直説法現在形

§1 形容詞・副詞の比較級

基本文例1：Elle est plus grande que Julie.
　　　　　彼女はジュリーより背が高い．

これは形容詞の優等比較級の基本文例です．以下に，形容詞と副詞の比較級の標準方式を示します．plus は副詞 beaucoup（多く）の，

moins［ムワン］は peu（少なく）の比較級です．言うまでもなく前者は優等比較級，後者は劣等比較級に用いられます．同等比較級には aussi が用いられます．

> ***plus***［プリュー］（＝ more）
> ***aussi***［オスィー］（＝ as）　＋形容詞(副詞)***que***(thanまたはas)〜
> ***moins***［ムワン］（＝ less）

◆　フランス語では比較の第二項は常に接続詞の que に導かれます．

形容詞の場合：

　　　　　　　plus　　　　　　　　　　　　　　　より背が低い．
　Marie est ***aussi*** petite ***que*** Jeanne.　マリはジャンヌと同じくらい背が低い．
　　　　　　　moins　　　　　　　　　　　　　　ほど背が低くない．

副詞の場合：

　　　　　　　plus　　　　　　　　　　　　　　　より歩くのが速い．
　Elle marche ***aussi*** vite ***que*** Jean.　彼女はジャンと同じくらい歩くのが速い．
　　　　　　　moins　　　　　　　　　　　　　　ほど歩くのが速くない．

§2　形容詞・副詞の最上級

基本文例2：Tu es le plus grand de la classe.
　　　　　　　　　　　きみはクラスで一番背が高い．

本例は優等最上級の基本文例です．
以下に形容詞と副詞の最上級の作り方を提示します．

> 　　　　　***plus***（＝ most）
> 定冠詞＋　　　　　　　　　　＋形容詞(副詞)［***de***(ofまたはin)〜］
> 　　　　　***moins***（＝ least）

◆　定冠詞は形容詞の性数に応じて le, la, les と使い分けます．また，副詞の場合は性数変化がありませんから，定冠詞は常に le が用いられます．

◆ 「〜のなかで」に当たる前置詞はフランス語の場合原則 de です．

参考：
Marie est la plus grande de la classe.　マリはクラスで一番背が高い．

Elle marche le plus vite de ses amies.
エル　マルシュ　ル　プリュー　ヴィート　ドゥ　セザミ
彼女は友だちの中で歩くのが一番速い．

◆ 名詞に先行する形容詞の最上級の場合，定冠詞の代わりに所有形容詞が使われることがあります．

C'est ma plus grande joie.　それは私の最大の喜びです．
セ　マ　プリュー　グランド　ジュワ

§3　特殊な形を持つ比較級と最上級

基本文例 3：Ce vin-ci est meilleur que ce vin-là.
このワインはあのワインよりおいしい．

meilleur は形容詞 bon（よい）の比較級です．英語の better 同様，比較の副詞 plus（英語なら more）の介添えは必要ありません．形容詞と副詞のなかには，こんな風にそれ自体が独自の比較級と最上級を持つものがあります．

形容詞のケース

原　級	比　較　級	最　上　級
bon［ボン］よい	**meilleur**［メユール］	**le meilleur**［ル メユール］
mauvais［モヴェ］ 悪い	**pire**［ピール］ **plus mauvais**	**le pire**［ル ピール］ **le plus mauvais**
petit［プティ］ 小さい	**moindre**［ムワンドル］ **plus petit**	**le moindre**［ル ムワンドル］ **le plus petit**

形容詞は関係する（代）名詞の性数に応じて変化します．上の表に示したのは男性単数のケースです．たとえば bon の場合は，bon(ne)(s)，meilleur(e)(s)，le（la, les）meilleur(e)(s) となります．

参考：Elle est **la meilleure** danseuse de la classe.
　　　エレ　ラ　メユール　　　ダンスーズ
　　　　　　ドゥ　ラ　クラース

彼女はクラス一番の踊り手です。

　また，mauvais と petit にはそれぞれ上段と下段二系列の比較級・最上級がありますが，上段の系列は，抽象的あるいは比喩的意味の際に用いられ，それ以外の場合には下段が用いられます．

◆ Son crime est **le pire** de tous.
　ソン　クリーム　エ　ル　ピール　ドゥ　トゥース

彼の罪はすべての罪の中で最悪だ．

副詞のケース（頻度の高い bien「よく，上手に」のみ取り上げます）

原　級	比　較　級	最　上　級
bien［ビヤン］	**mieux**［ミユー］	**le mieux**［ル ミユー］

Charles travaille **mieux** que Louis.　シャルルはルイよりよく働く．
シャルル　トラヴァーユ　ミユー　ク　ルイ

§4　不規則動詞 mettre, prendre, connaître, croire, vivre, mourir

基本例文4：Où est-ce que tu mets ta clé ?　きみは鍵をどこに置くの？

　この節では，単数形の語末が〈s, s, ゼロ〉か〈s, s, t〉，複数形の語尾が〈-ons, -ez, -ent〉，しかも使用頻度が高い不規則動詞を集めました．

　以下に提示するのはすべて直説法現在形です．

mettre 置く
メートル

je mets
ジュ　メ

tu mets
テュ　メ

il met
イル　メ

nous mettons
ヌー　メトン

vous mettez
ヴー　メテ

prendre 手に取る
プランドル

je prends
ジュ　プラン

tu prends
テュ　プラン

il prend
イル　プラン

nous prenons
ヌー　プルノン

vous prenez
ヴー　プルネ

croire 信ずる
クルワール

je crois
ジュ　クルワ

tu crois
テュ　クルワ

il croit
イル　クルワ

nous croyons
ヌー　クルワイヨン

vous croyez
ヴー　クルワイエ

　　　　ils mettent　　　　　ils prennent　　　　　ils croient
　　　　イル　メート　　　　　イル　プレーヌ　　　　　イル　クルワ

参考：Vous croyez cette nouvelle ?
　　　　　　あなたはこのニュースを信じますか．

　　　connaître 知る　　　vivre 生きる，住む　　mourir 死ぬ
　　　コネートル　　　　　　ヴィーヴル　　　　　　　ムゥリール

　　　je connais　　　　　je vis　　　　　　　　je meurs
　　　ジュ　コネ　　　　　　ジュ　ヴィ　　　　　　　ジュ　ムール

　　　tu connais　　　　　tu vis　　　　　　　　tu meurs
　　　テュ　コネ　　　　　　テュ　ヴィ　　　　　　　テュ　ムール

　　　il connaît　　　　　　il vit　　　　　　　　il meurt
　　　イル　コネ　　　　　　イル　ヴィ　　　　　　　イル　ムール

　　　nous connaissons　　nous vivons　　　　　nous mourons
　　　ヌー　コネッソン　　　　ヌー　ヴィヴォン　　　　　ヌー　ムゥロン

　　　vous connaissez　　　vous vivez　　　　　vous mourez
　　　ヴー　コネッセ　　　　　ヴー　ヴィヴェ　　　　　　ヴー　ムゥレ

　　　ils connaissent　　　ils vivent　　　　　　ils meurent
　　　イル　コネッス　　　　　イル　ヴィーヴ　　　　　　イル　ムール

参考：Je connais René depuis deux ans.
　　　　ジュ　コネ　　ルネ　　ドゥピュイ　　ドゥーザン
　　　　　　ぼくはルネを２年前から知っている．

練習問題 11

1. 文意に従ってカッコ内の語を比較級または最上級にしなさい．
   1) Elle chante (bien) des trois.
   2) Le chat est (grand) que le cheval (馬).
   3) La Lune (月) est (petit) que la Terre (地球).
   4) Jeanne a un an. Elle est (jeune) de sa famille.
   5) Anne a dix ans. René a dix ans. Anne est (âgé) que René.

2. 次の動詞の中から適当なものを選び，その正しい形をカッコ内に記しなさい．

connaître, croire, mettre, prendre, vivre

1) Je ne (　　　　　) pas cette histoire.　　ぼくはその話を信じない．
2) Elle (　　　　　) du sucre dans son café.　　彼女はコーヒーに砂糖を入れる．
3) Nous (　　　　　) la dernière nouvelle.　　ぼくらは最新のニュースを知っている．
4) Les carpes (　　　　　) longtemps.　　鯉（こい）は長生きする．
5) Tu (　　　　　) le petit déjeuner à sept heures ?　　きみは朝食を7時に取るの？

3. 仏文和訳
   1) Ils meurent pour leur patrie（祖国）．
   2) Elle met sa valise（スーツケース）sous le lit.
   3) Mon petit frère croit au Père Noël（サンタクロース）．

4. 和文仏訳
   1) 彼は新聞を手に取る（prendre）．
   2) 伯父は田舎で（à la campagne）暮らしている．
   3) あなたは彼の住所を知っていますか．

第12課 直説法複合過去

基本文例

1) J'ai acheté une cravate hier.
   ぼくは昨日ネクタイを一本買った.

2) Elle est allée au cinéma avec lui.
   彼女は彼と映画館に行った.

3) Tu n'as pas mangé beaucoup ce matin.
   きみは今朝あまり食べなかった.

〔語句〕

1) **acheté**：acheter（買う）の過去分詞　**hier**：昨日　2) **allé (e)**：aller（行く）の過去分詞　**cinéma**：映画館　**avec**：とともに（前置詞）　3) **n'as pas mangé**：manger（食べる）の直説法複合過去の否定形　**matin**：朝

§1 過去分詞

　これまで動詞はもっぱら直説法現在を扱ってきましたが，この課では「直説法複合過去」と呼ばれる過去時制の一つを取り上げます．

　フランス語の時制は2種類あります．動詞の語尾変化による単純時制（例：直説法現在）と〈*助動詞＋過去分詞〉からなる複合時制です．この課で学ぶ直説法複合過去はその名の通り複合時制です．そこで，この節ではまず複合時制を作るのに必要不可欠な過去分詞を取り上げます．

　＊フランス語の助動詞は avoir と être の二つだけです．

ところで動詞の不定詞の語末は -er, -ir, -re, -oir の 4 型に分類できます。そして，過去分詞形は，不定詞の語尾の形ごとに次の 3 種に大別できます。

(a) -er → -é（例外なし）

フランス語の不定詞 4 種類のうちその語尾が er で終わっている動詞の過去分詞は例外なく「-é」となります。

例：aimer → aimé

(b) -ir → -i（大部分）

不定詞の語尾が ir（oir を除く）で終わっている動詞の過去分詞は，多くの場合「-i」となります。ただし例外もあります。

たとえば venir（来る）→ venu 　 mourir（死ぬ）→ mort

(c) -re, -oir → 不規則

不定詞の語尾が re，または oir で終わる動詞の過去分詞の語末は不規則ですが，-i, -u (û), -é, -s, -t のいずれかとなります。

例：avoir → eu 　　 être → été 　　 faire → fait
　　 mettre（置く）→ mis 　 rendre（返す）→ rendu
　　 devoir（ねばならない）→ dû

§2 直説法複合過去　形と用法

基本文例 1：J'ai acheté une cravate hier.　　私は昨日ネクタイを一本買った。

基本文例 2：Elle est allée au cinéma avec lui.　　彼女は彼と映画館に行った。

上の例はいずれも直説法複合過去の文例です。
直説法複合過去はすべて次の形を取ります。

　　助動詞の直説法現在形＋過去分詞

以下に二つの動詞の直説法複合過去の活用形を提示します。

67

donner ［ドネ］与える
 j' ai donné
  ジェ　　ドネ
 tu as donné
  テュ ア　ドネ
 il a donné
  イラ　　ドネ
 elle a donné
  エラ　　ドネ
 nous avons donné
  ヌーザヴォン　　ドネ
 vous avez donné
  ヴーザヴェ　　ドネ
 ils ont donné
  イルゾン　ドネ
 elles ont donné
  エルゾン　　ドネ

venir ［ヴニール］来る
 je suis venu(*e*)
  ジュ スュイ　ヴニュ
 tu es venu(*e*)
  テュ エ　ヴニュ
 il est venu
  イレ　ヴニュ
 elle est venu*e*
  エレ　ヴニュ
 nous sommes venu(*e*)*s*
  ヌー　ソム　　ヴニュ
 vous êtes venu(*e*, *s*, *es*)
  ヴーゼート　ヴニュ
 ils sont venu*s*
  イル ソン　ヴニュ
 elles sont venu*es*
  エル ソン　ヴニュ

◆ ⅰ) 動詞の複合時制を作る際に **avoir** を助動詞とするのは，すべての他動詞と多くの自動詞です．つまり，大部分の動詞が **avoir** を助動詞とします．

ⅱ) 逆に，**être** を助動詞とするのは「場所の移動」や「状態の変化」に関するいくつかの自動詞だけです．たとえば

 aller 行く　　**entrer** 入る　　**partir** 発（た）つ
  アレ　　　　　アントレ　　　　　　パルティール
 venir 来る　　**sortir** 出る　　**arriver** 着く
  ヴニール　　　ソルティール　　　　アリヴェ
 monter 上がる　　**naître** 生まれる
  モンテ　　　　　　　ネートル
 descendre 下がる　　**mourir** 死ぬ
  デサンドル　　　　　　ムゥリール

ⅲ) 助動詞が **être** の場合，過去分詞は主語の性数に応じて変化します．
 この法則はすべての複合時制に適用されます．

〈直説法複合過去の用法〉

 複合過去は主として話し言葉で用いられ，すでに終結した過去の行為や状態を表します（英語のほぼ「過去」に相当します）．

Il a acheté cette montre à Lyon.　彼はリヨンでこの時計を買った．
イラ　アシュテ　セト　モントル　ア　リヨン

また，過去の行為の結果としての現在の状態，さらには経験を表します（英語の「現在完了」に相当します）．

Marie n'est pas là. Elle est sortie.　マリはいません．出かけています．
マリ　ネ　パ　ラ　エレ　ソルティー

§3　複合過去の否定形・疑問形・否定疑問形

基本文例３：Tu n'as pas mangé beaucoup ce matin.
　　　　　　きみは今朝あまり食べなかった．

［否定形］は上の例の通り助動詞を ne と pas ではさみます．

［倒置疑問形］は主語代名詞と助動詞を倒置してハイフン〈-〉で結びます．

　　参考：As-tu mangé beaucoup ce matin ?

［否定疑問形］は倒置してハイフンで結ばれた助動詞と主語代名詞を ne と pas ではさみます．

　　参考：N'as-tu pas mangé beaucoup ce matin ?

◆　なお，疑問形は第９課で触れた通り，平叙文の文末にクエスチョンマークをつける方式及び平叙文に est-ce que を先行させる方式も可能です．

　　Tu as mangé beaucoup ce matin ?
　　Est-ce que tu as mangé beaucoup ce matin ?

22

― 曜日 ―

月曜日 lundi ランディー	火曜日 mardi マルディー	水曜日 mercredi メルクルディー
木曜日 jeudi ジュディー	金曜日 vendredi ヴァンドルディー	土曜日 samedi サムディー
日曜日 dimanche ディマンシュ		

69

練習問題 12

1. 次の動詞の過去分詞形を書きなさい．
   1) choisir　　2) être　　3) avoir
   4) aller　　5) venir　　6) faire

2. 次の文章を直説法複合過去にしなさい．
   1) Elle monte（乗る）en autobus.
   2) Visitez-vous le Louvre（ルーヴル美術館）?
   3) Il veut aller au théâtre.
   4) Tu ne parles pas avec Louis.

3. 仏文和訳
   1) Quand as-tu perdu（perdre：失う）ton passeport ?
   2) Nous n'avons pas mangé de poissons.
   3) Elle est née（naître：生まれる）à Lyon il y a quinze ans.
      Il y a 〜 ans (mois, semaines etc.)：〜年（月，週…）前
   4) J'ai passé（passer：過ごす）mes vacances au bord de la mer.

4. 和文仏訳
   1) 列車はすでに（déjà）出ました．
   2) 宿題（devoir[s]）はすませましたか．
   3) ぼくはこの夏（été）アメリカに行った．
   4) 彼女はここにタクシーで（en taxi）来ました．

第13課 受動態/非人称動詞

基本文例

1) Elle est ***appréciée*** par son maître.　彼女は先生に認められる．
2) Il est ***apprécié*** de tout le monde.　彼はみんなに認められている．
3) Il pleut depuis ce matin.　今朝から雨が降っている．
4) Il fait beau aujourd'hui.　今日は晴れている．

〔語句〕

1) **appréciée**：apprécier（評価する・認める）の過去分詞　**par**：動作主を導く前置詞（によって）　**maître**：先生　2) **de**：動作主を導く前置詞（によって）　**tout le monde**：みんな　3) **il**：非人称代名詞　**pleut**：pleuvoir（雨が降る）の直説法現在形　**depuis ~**：〜以来　4) **il fait beau**：晴れている　**aujourd'hui**：今日

§1 受動態

基本文例1：Elle est ***appréciée*** par son maître.　彼女は先生に認められる．

基本文例2：Il est ***apprécié*** de tout le monde.　彼はみんなに認められている．

受動態は，以下の図式が示す通り，英語のそれと大して変わりません．

> être ＋他動詞の過去分詞〔＋ par (de) ＋動作主〕

両者の違いは，動作主を導く前置詞の使用法です．英語の受動態はたいていの場合 by が用いられますが，動詞によっては to または with 等が使われます．これに対してフランス語の受動態は，一般に行為や動作主が強調される場合には par が用いられます．しかし，同じ動詞でも，継続的な状態や感情にかかわる場合は de が使用されることが多い．

　基本文例1では彼女を認めるという先生の「行為」が強調されているので par が，基本文例2では彼女がみんなに認められているという継続的な「状態」を表しているので，de が用いられています．

　次に，apprécier（評価する・認める）の受動態の直説法現在形を提示します．

être apprécié(e, s, es) の直説法現在

je suis apprécié(*e*)	nous sommes apprécié(*e*)*s*
tu es apprécié(*e*)	vous êtes apprécié(*e*, *s*, *es*)
il est apprécié	ils sont appréciés
elle est appréciée	elles sont appréciées

◆　（ⅰ）　過去分詞は主語の性数と一致します．
　　（ⅱ）　受動態の主語となり得るのは，英語の場合と違って，能動態の直接目的語だけです．

　　　　　Paul donne un livre à son frère.　　ポールは弟に本をあげる．

　　本例の受動態は Un livre est donné à son frère par Paul. だけで，son frère を主語とする受動態は成立しません．

　　（ⅲ）　受動態の時制や法は être の法と時制によって決まります．以下に直説法複合過去の受動態の例を示します．

　　　　　Elle *a été appréciée* par son maître.　　彼女は先生に認められた．

§2 非人称動詞

　3人称単数形でのみ用いられて他の人称で用いられることのない動詞を非人称動詞と言います．非人称動詞の主語は英語の **it** に当たる **il** です．非人称動詞には元々3人称単数形しか持たない本質的非人称動詞（基本文例3）と，全人称を持っている動詞が特定の意味または用法に限って3人称単数形でのみ用いられる転化的非人称動詞（基本文例4）の2種類があります．

（A）本質的非人称動詞

　　基本文例3：Il pleut depuis ce matin.　　今朝から雨が降っている．

1. 天候・自然現象に関するもの：pleuvoir（= to rain），neiger（= to snow），tonner（= to thunder）など．

　　　Il a neigé trois fois cet hiver.　　この冬は三度雪が降った．
　　　イラ　ネジェ　トルワ　フワ　セティヴェール

2. 動詞 falloir［ファルワール］は常に il を主語とする本質的非人称動詞です．

ⅰ）il faut ～（名詞）：～が必要である

　　Il faut un dictionnaire.　　辞書が必要だ．
　　イル　フォ　アン　ディクスィオネール

ⅱ）il faut ＋不定詞：…しなければならない

　　Il faut partir tout de suite.　　ただちに出かけなければならない．
　　イル　フォ　パルティール　トゥー　ドゥ　スュイート

（B）転化的非人称動詞

　　基本文例4：Il fait beau aujourd'hui.　　今日は晴れている．

1. 天候・自然現象に関するもの：faire　英語が be 動詞を用いるのに対して，フランス語は to do や to make に相当する faire を用います．

　　Il fait beau （mauvais, chaud, froid, doux ...)
　　イル　フェ　ボー　（モヴェ，　ショー，　フルワ，　ドゥー）
　　　天気がいい（悪い，暑い，寒い，暖かい…）

Il fait jour（nuit, clair, sombre, noir ...）
   夜が明ける（日が暮れる，明るい，薄暗い，暗くなる…）

2. 時刻：être

   Quelle heure est-il ?　　　　　　　今何時ですか.

   — Il est trois heures（midi, minuit）.　3時（正午，夜の12時）です.

   　　　quatre heures cinq（six, sept ...）.　4時5分（6分，7分）です.

   　　　cinq heures et demie（quart）.　5時半（15分）です.

   　　　six heures moins cinq（le quart）.　6時5分（15分）前です.

3. il y a 〜「〜がある」

   il y a は意味上は英語の there is（are）と等しいのですが，文章構造には大きな違いがあります（第3課§3参照）.

   Il y a beaucoup de cafés à Paris.　パリにはカフェがたくさんある.

4. 形式上の主語 il が先行し，意味上の主語が後続する場合

   ⅰ）動詞は être．主語は後続する〈de＋不定詞〉または〈que＋節〉

   il est 〜 de ... (it is 〜 to ...), il est 〜 que ... (it is 〜 that ...)

   Il est difficile de répondre.　　　答えるのは難しい.

   Il est certain que la Terre tourne autour du Soleil.
   　　地球が太陽の周りを回っているのは確かだ.

   ⅱ）動詞は arriver, rester, manquer など．主語は後続する名詞(句)

Il est arrivé un accident sur la route nationale.　国道で事故が起きた．

Il reste encore un peu de vin.　まだワインが少々残っている．

練習問題 13

1. 以下の文章を，能動態は受動態に，受動態は能動態に書き改めなさい．
   1) Tout le monde respecte Louise.
   2) Cette valise a été ouverte（ouvrir：開く）par Jacques.
   3) André a pris（prendre：撮［と］る）ces photos.
   4) Jeanne n'a pas été grondée（gronder：しかる）par son père.

2. 仏文和訳
   1) Il va pleuvoir.
   2) Il manque encore deux euros.
   3) Un jeune homme a été interrogé par l'agent de police（警官）.
   4) Il faut prendre un taxi pour arriver à l'heure.

3. 和文仏訳
   1) ルイーズはポールに招待された．
   2) 外に出る（sortir）には，この戸を開けなければならない．
   3) ここで泳ぐ（nager）のは大変危険（dangereux）です．

第14課 人称代名詞

基本文例

1) Je cherche *Paul*.　　ぼくはポールを探す．
   → Je *le* cherche.　　ぼくは彼を探す．
2) Elle parle *à ses parents*.　　彼女は両親に話しかける．
   → Elle *leur* parle.　　彼女は彼らに話しかける．
3) Tu as donné *une poupée à ta sœur*.　　きみは人形を妹さんにあげた．
   → Tu *la lui* as donnée.　　きみはそれを彼女にあげた．
4) *Lui*, il veut partir.　　彼の方は出発したがっているよ．

〔語句〕

1) **cherche**：chercher（探す）の直説法現在形　**le**：彼を　2) **parle**：parler（話す）の直説法現在形　**parents**：両親　**leur**：彼（女）らに　3) **donné**：donner（与える）の過去分詞　**poupée**：人形　**la**：それを　**lui**：彼女に　4) **lui**：主語 il の強勢形　**veut**：vouloir（…することを望む）の直説法現在形　**partir**：出発する

§1　人称代名詞

この課のテーマは人称代名詞です．主語人称代名詞は，第2課以後いわば出ずっぱりですが，以下に人称代名詞の直接・間接目的語形，および強勢形を表示します．

主　語	直接目的語	間接目的語	強勢形
je 私は ジュ	**me** 私を ム	**me** 私に ム	**moi** 私 ムワ
tu きみは テュ	**te** きみを トゥ	**te** きみに トゥ	**toi** きみ トワ
il 彼(それ)は イル	**le** 彼(それ)を ル	**lui** 彼(女・それ)に リュイ	**lui** 彼(それ) リュイ
elle 彼女(それ)は エル	**la** 彼女(それ)を ラ		**elle** 彼女(それ) エル
nous 我々は ヌー	**nous** 我々を ヌー	**nous** 我々に ヌー	**nous** 我々 ヌー
vous あなた(方)は／きみたちは ヴー	**vous** あなた(方)を／きみたちを ヴー	**vous** あなた(方)に／きみたちに ヴー	**vous** あなた(方)／きみたち ヴー
ils 彼(それ)らは イル	**les** 彼(女/それ)らを レ	**leur** 彼(女・それ)らに ルール	**eux** 彼(それ)ら ウー
elles 彼女(それ)らは エル			**elles** 彼女(それ)ら エル

◆　3人称の人称代名詞はすべての名詞を受けます．したがって，主語人称代名詞について言えば，il は he と it に，elle は she と it に，ils と elles は they に相当します．

◆　「強勢形」は「強調形」とも「人称代名詞の名詞格」とも呼ばれます．

◆　me, te, le, la は，母音字または無音の h の前では，m', t', l', l' となります．

§2　目的語人称代名詞の位置と語順

1. 基本文例１：Je cherche **Paul**.　　　　ぼくはポールを探す．
　　　　　　→ Je **le** cherche.　　　　ぼくは彼を探す．
　　基本文例２：Elle parle **à ses parents**.　彼女は両親に話しかける．
　　　　　　→ Elle **leur** parle.　　　彼女は彼らに話しかける．
　　目的語人称代名詞は，直接目的語・間接目的語のいずれも，動詞

または助動詞の直前に置かれます（基本文例1・2）．また，否定文の場合は，動詞のみならず動詞の前にある目的語人称代名詞も一緒に ne と pas ではさみます．

   Je *ne* le cherche *pas*. Elle *ne* leur parle *pas*.

 avoir を助動詞とする複合時制において，直接目的語が動詞に先行している場合，過去分詞はその直接目的語の性数と一致します．

  参考：J'ai prêté *mes livres* à Cécile. 私はセシールに本を貸した．
　　　　　ジェ　プレテ　メ　リーヴル　ア　セスィール

  → Je *les* ai prêté*s* à Cécile. 私はセシールにそれらを貸した．
　　　　ジュ　レゼ　プレテ　ア　セスィール

 ただし，先行しているのが間接目的語の場合は，過去分詞は不変です．

  → Je lui ai prêté mes livres.

2.　直接目的語人称代名詞と間接目的語人称代名詞が同時に用いられる場合，言うまでもなく両者とも動詞または助動詞に先行しますが，二つの目的語人称代名詞の語順は以下の図式に従います．

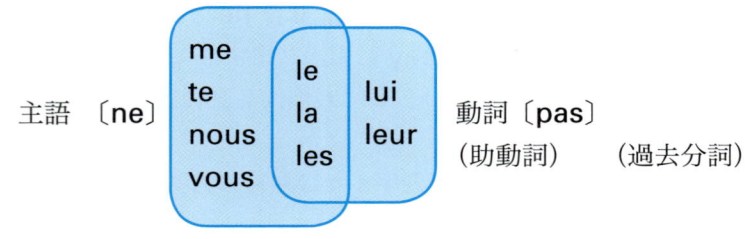

主語　〔ne〕　me / te / nous / vous　　le / la / les　　lui / leur　　動詞〔pas〕
　　　　　　　　　　　　　　　　　　　　　　　　　　　　　　　　（助動詞）　　（過去分詞）

基本文例3：Tu as donné *une poupée* à ta sœur. きみは人形を妹さんにあげた．
　　　　　→ Tu *la lui* as donné*e*. きみはそれを彼女にあげた．

§3　強勢形人称代名詞

基本文例4：*Lui*, *il* veut partir. 彼の方は出発したがっているよ．

強勢形人称代名詞には多くの用法があります．基本文例4は主語を強

調しています．強勢形は主語や目的語の強調の他に，次のような用法があります．

前置詞の後： Ce parapluie *est à *moi*.   この傘はぼくのです．

* être à ～（人）：～のものである．

比較の que の後： Tu est plus grand qu'*elle*.   君は彼女より背が高い．

補語： C'est bien *toi* ?   それはたしかに君かい？
　　　 — Oui, c'est *moi*.   そうだよ，ぼくだよ．

― 小会話 1　顔を合わせたとき ―

Bonjour, monsieur.   こんにちは（お早うございます）．
Bonsoir, madame.   こんばんは．

— Comment allez-vous ?   お元気ですか．
— Je vais très bien, merci. Et vous ?
ありがとうございます．大変元気です．で，あなたはいかがですか．

Enchanté(e).   初めまして．
Je suis heureux(se) de faire votre connaissance.
お近づきになれてうれしいです．

練習問題 14

1. カッコ内に適当な人称代名詞を入れなさい．
   1) Ce cahier est à Sophie ? — Oui, c'est à (　　　)．
   2) Tu n'écoutes pas la radio? — Si, je (　　　) écoute．
   3) Il est plus petit que ses cousins ?
      — Oui, il est plus petit qu' (　　　)．
   4) C'est un cadeau pour moi ?
      — Oui, c'est un cadeau pour (　　　)．
   5) A-t-il vendu sa moto à Jean?
      — Non, il ne (　　　) (　　　) a pas vendue．
   6) As-tu montré ces livres à tes amis ?
      — Oui, je (　　　) (　　　) ai montrés．

2. 仏文和訳
   1) Elle a la même âge que moi.
   2) Tu connais Sarah ? — Oui, je l'ai rencontrée chez une amie.
   3) M. Renoir a-t-il emmené sa femme à l'opéra ?
      — Oui, il l'a emmenée à l'opéra.

3. 和文仏訳
   1) 彼はあのご婦人に挨拶(saluer)しましたか．—ええ，しました．
   2) 君はぼくと来るかい？ — いや，ぼくは彼と残るよ．
   3) 彼の方は泳ぎ(nager)たがっているけど，彼女の方は泳ぎたがってはいないよ．

第15課

命令法

基本文例

1) Parle un peu plus fort.　　もう少し大きな声で話しなさい．
   パルル　アン　プー　プリュー　フォール
2) Finis ton travail avant midi.　　正午までに仕事を片付けなさい．
   フィニ　トン　トラヴァーユ　アヴァン　ミディー
3) Ne la regardez pas.　　それを見ないでください．
   ヌ　ラ　ルガルデ　パ
4) Donnons-la-lui.　　それを彼にあげましょう．
   ドノン　ラ　リュイ

〔語句〕

1) **parle**：parler（話す）の命令形　**un peu**：少々　**fort**：大きな声で（副詞）　2) **finis**：finir（終える）の命令形　**travail**：仕事　**avant**：〜前に（前置詞）　**midi**：正午　3) **la**：それを（直接目的語人称代名詞）　**regardez**：regarder（眺める）の命令形　4) **donnons**：donner（与える）の命令形　**lui**：彼に（間接目的語人称代名詞）

§1　命令法

基本文例1：Parle un peu plus fort.　　もう少し大きな声で話しなさい．
基本文例2：Finis ton travail avant midi.　　正午までに仕事を片付けなさい．

A　命令形の作り方（Ⅰ）【原則】

命令形は，英語の場合と同様，主語を省きます．ただし，動詞の原形が用いられる英語の場合と違って，フランス語の場合は，原則，動詞の直説法現在形から作ります．しかも，英語が you に対

する命令形1種類しかないのにフランス語の命令形は3種類あります．すなわち，2人称単数の **tu** に対する命令形（…せよ，しなさい），1人称複数の **nous** に対する命令形（…しよう，しましょう），**tu** の複数および単数(敬称)の **vous** とその複数に対する命令形（…しなさい，してください）の3種です．

次に第一群規則動詞 **marcher** と第二群規則動詞 **finir** の命令形を提示します．

marcher（歩く）
マルシェ

tu marche**s** → marche（歩きなさい）
テュマルシュ

nous marchons → marchons（歩きましょう）
ヌー　　マルション

vous marchez → marchez（歩いてください）
ヴー　　マルシェ

finir（終える）
フィニール

tu fini**s** → fini**s**（終わらせなさい）
テュ　フィニ

nous finissons → finissons（終わりましょう）
ヌー　　フィニソン

vous finissez → finissez（終わらせてください）
ヴー　　フィニセ

参考1：**Prête ton collier à ta sœur.**　　お前のネックレスを妹に貸
　　　　プレート トン コリエ ア タ スール　　してやりなさい．

参考2：**Choisis une robe pour la**　　パーティ用のドレスを選び
　　　　ショワズィ ユヌ ロープ プール ラ　　なさい．
　　　　soirée.
　　　　スワレ

tu に対する命令形は第1群規則動詞（**prêter**）の場合は語末の **s** を省きますが（**prête**），第2群規則動詞（**finir**）の場合は **s** を省きません（**finis**）．

◆　不規則動詞の場合も **tu** に対する命令形は，語末の **s** を省く場合と省かない場合があります．

　　　Va à l'école tout de suite.　　　　　今すぐ学校に行きなさい．
　　　ヴァ ア レコール トゥー ドゥ スュイート

Viens manger chez moi ce soir.　今夜うちに食べに来なさい．
ヴィヤン　マンジェ　シェ　ムア　ス　スワール

◆ 否定命令形は動詞を ne ... pas ではさんで下さい．
Ne bouge pas !　　　　　　　　　動くな．
ヌ　ブージュ　パ

B　命令形の作り方（Ⅱ）【例外】

　今まで説明してきた通り，命令形は原則的には直説法現在形から作られます．しかしごく少数の動詞の場合，命令形は直説法現在形ではなく，接続法現在形から作られます．接続法を学ぶのはずっと先になるので，とりあえず例外的な命令形としておぼえてください．

　以下にその代表的な二つの動詞の命令形と用例を提示します．

相手	être ［エートル］である	avoir ［アヴワール］持つ
tu に対して	*sois* ［スワ］	*aie* ［エ］
nous に対して	*soyons* ［スワイヨン］	*ayons* ［エイヨン］
vous に対して	*soyez* ［スワイエ］	*ayez* ［エイエ］

参考1：Sois tranquille !　　　静かにしなさい．
　　　　スワ　　トランキル

参考2：Ayons du courage !　　頑張ろう．
　　　　エイヨン　デュ　クウラージュ

§2　命令形と目的語人称代名詞の語順

（a）否定命令文の場合，語順は第 14 課 §2 の図式の通りです．

　基本文例3：Ne la regardez pas. それを見ないでください．

　直接・間接，二つの目的語人称代名詞が同時に用いられる場合も同じです．

　　参考：Ne les lui montre pas.　それらを彼（女）に見せるな．
　　　　　ヌ　レ　リュイ　モントル　パ

（b）基本文例4：Donnons-la-lui.　それを彼（女）にあげましょう．

　肯定命令文の場合，語順は〈**動詞 – *直接目的語* – *間接目的語***〉となります．語と語の間にトレ・デュニオン（ハイフン）が必要です．

　　参考：Achetons-la-lui.　　それを彼（女）に買ってあげよう．

◆ 肯定命令文では補語人称代名詞の me, te は moi, toi になります．

Passez-moi du sucre.　　　砂糖を私に取ってください．
→ Passez-le-moi.　　　それを私に取って下さい．

練習問題 15

1. 下線部の名詞を適切な人称代名詞にして，次の命令文を書きかえなさい．
   1) Apportez <u>ces journaux</u> <u>à vos parents</u>.
   2) Ne présentez pas <u>votre frère</u> <u>à Jeanne</u>.

2. 下線部の人称代名詞を適切な名詞にして，次の命令文を書きかえなさい．
   1) Demandons-<u>le</u>-<u>lui</u>.
   2) Ne <u>la</u> <u>leur</u> montrez pas.

3. 仏文和訳
   1) N'ayez pas peur.
   2) Ne bois pas trop !
   3) Allons chercher Pierre à la gare.

4. 和文仏訳
   1) 食べ過ぎるな！
   2) 生徒（élèves）諸君，積極的（positif）になりなさい．
   3) 今すぐ彼の家に（chez lui）行って下さい．

第16課

代名動詞

基本文例

1) Elle se lève à sept heures.　　彼女は 7 時に起きる．
   エル　ス　レーヴ　ア　セトゥール

2) Elle s'est levée à sept heures.　彼女は 7 時に起きた．
   エル　セ　ルヴェ　ア　セトゥール

3) Elle s'est lavé les mains.　　彼女は（自分の）手を
   エル　セ　ラヴェ　レ　マン　　　洗った．

〔語句〕

1) **se**：自分を（に）（特殊な人称代名詞）　**lève**：lever（起こす）の直説法現在形　**se lever**：起きる　**à**：時間「に」を表す前置詞　**sept**：7　**heure(s)**：〜時，時間　2) **s'est levée**：se lever の直説法複合過去形　3) **s'est lavé**：se laver 〜（自分の〜を洗う）の直説法複合過去形

§1　代名動詞の直説法現在

基本文例 1：Elle se lève à sept heures.　彼女は 7 時に起きる．

まず，Elle lève son frère. という文章を考えてみましょう．意味は「彼女は弟を起こす」ですね．直接目的語 son frère を人称代名詞 le に置き換えると，Elle le lève.「彼女は彼を起こす」となります．ところが，起こす対象が彼女自身となると，事情が変わります．もし Elle la lève とやれば，「彼女はそれを起こす」，または「彼女は別な彼女を起こす」という意味になってしまいます．そこで彼女が自分自身を起こす（つまり起きる）場合は，la ではなく 3 人称の新しい目的語人称代名詞 se を使います．それが，基本文例 1 です．

こんなふうに，主語と目的語人称代名詞が同じであるような動詞を代

名動詞と言い，不定詞は se lever ［ス ルヴェ］と記されます．代名動詞の目的語人称代名詞は特に再帰代名詞と呼ばれます．以下に代名動詞 se lever の直説法現在形を提示します．再帰代名詞が me, te, se, nous, vous, se と主語に従って変化していることに注意してください．

se lever「起きる」の直説法現在形

je me lève　　　　nous nous levons
ジュ ム　レーヴ　　　ヌー　ヌー　　ルヴォン

tu te lèves　　　　vous vous levez
テュ トゥ　レーヴ　　　ヴー　ヴー　　ルヴェ

il se lève　　　　ils se lèvent
イル ス　レーヴ　　　イル　ス　　レーヴ

elle se lève　　　elles se lèvent
エル ス　レーヴ　　　エル　ス　　レーヴ

次に se lever の疑問形・否定形・命令形・否定命令形をあげます．

疑　問　形　se lève-t-il ?
否　定　形　il ne se lève pas.
命　令　形　lève-toi, levons-nous, levez-vous.
否定命令形　ne te lève pas, ne nous levons pas, ne vous levez pas

代名動詞には以下に示す4種類があります．また，再帰代名詞 se は直接目的語の場合と間接目的語の場合があります．文末にその区別を記します．

(1) **再帰的代名動詞**：主語の行為が自分自身に及ぶもの．
　　Elle se couche à dix heures.　　彼女は10時に寝る．（直接）
　　Elle se brosse les dents.　　　彼女は歯をみがく．（間接）
(2) **相互的代名動詞**：主語が複数または on「人は，人々は」のように複数の意味を持つ場合，「たがいに…する」という意味になることがあります．
　　Nous nous rencontrons souvent.　私たちはしばしば出会います．
　　　　　　　　　　　　　　　　　　（直接）

Ils se téléphonent tous les jours.　　彼らは毎日電話をかけ合う．
　　　　　　　　　　　　　　　　　　　　（間接）

（3）**受動的代名動詞**：受動的な意味を持ち，主語は多くの場合非生物です．
再帰代名詞は常に直接目的語です．
Cette montre se vend très bien.　　この時計は非常によく売れる．

（4）**本質的代名動詞**：再帰代名詞 se と動詞が一体となって独自の意味を表わします．**再帰代名詞は常に直接目的語扱いをします．**
本質的代名動詞は以下のように二つの型に分類できます．

（a）代名動詞としてのみ用いられるもの
se souvenir de 〜（〜を思い出す）　　se moquer de 〜（〜を馬鹿にする）
Il se souvient parfois de cet accident.　　彼は時折その事故を思い出す．

◆ souvenir も moquer も単独では動詞として使われることはありません．

（b）再帰代名詞 se を省くと意味が変わってしまうもの
Ils se servent toujours de mon vélo.　　彼らはいつも私の自転車を使う．

◆ se servir de 〜は「〜を使う」という意味ですが，servir 単独では「給仕する，奉仕する」という意味になります．

§2　代名動詞の直説法複合過去

基本文例2：Elle s'est levé*e* à sept heures.　　彼女は7時に起きた．
基本文例3：Elle s'est lavé les mains.　　彼女は（自分の）手を洗った．

文例はいずれも代名動詞の直説法複合過去です．その作り方は再帰代名詞 se と過去分詞の間に être の直説法現在形を置きます．

> **se + être の直説法現在形+過去分詞**

◆　この際，再帰代名詞 se が直接目的語であれば過去分詞は直接目的語（＝主語）の性数と一致します（基本文例2）．ただし，se が間接目的語であれば性数一致は不要です（基本文例3）．

以下に，§1 に挙げた文例の直説法複合過去形を示します．
(1) Elle s'est couché**s** à dix heures.　彼女は10時に寝た．
　　 Elle s'est brossé les dents.　彼女は歯を磨いた．
(2) Nous nous sommes rencontré**s** souvent.
　　　　　　　　　　私たちはしばしば出会った．
　　 Ils se sont téléphoné tous les jours.
　　　　　　　　　　彼らは毎日電話をかけあった．
(3) Cette montre s'est vendu**e** très bien.
　　　　　　　　　　この時計は非常によく売れた．
(4) 1.　Elle s'est parfois souvenu**e** de cet accident.
　　　　　　　　　　彼女はあの事故のことを時折思い出した．
　　 2.　Ils se sont toujours servi**s** de mon vélo.
　　　　　　　　　　彼らはいつも私の自転車を使った．

― 小会話2　祝う ―

Félicitations pour votre marriage !　ご結婚おめでとう．
フェリスィタスィオン　プール　ヴォトル　マリアージュ

Bon anniversaire !　誕生日おめでとう．
ボンナニヴェルセール

Bonne année !　新年おめでとう．
ボンナネ

Joyeux Noël !　メリー・クリスマス．
ジュワュー　ノエル

練習問題 16

1. 以下の動詞の中から適当な動詞を選び，直説法現在形に活用させなさい．

    s'arrêter   s'habiller   se moquer   se reposer
    1) Elle (　　　　　) de moi.　　彼女はぼくをばかにする．
    2) (　　　　　) tout de suite!　直ぐに着替えなさい．
    3) Vous ne (　　　　　) pas ?　あなたは休まないのですか．
    4) Le train ne (　　　　　)　　列車はこの駅にはとまらない．
    pas à cette gare.

2. 次の各文を直説法複合過去形に書きかえなさい．
    1) Ils se regardent l'un l'autre（たがいに）.
    2) Elle se casse la jambe au ski.
    3) Catherine se marie avec un médecin.
    4) Nous nous souvenons de notre enfance.

3. 仏文和訳
    1) Ton chat s'est caché sous la table.
    2) Sa boutique se trouve au centre-ville.
    3) Aujourd'hui, nous nous sommes promenés dans la forêt.

4. 和文仏訳
    1) 彼は去年（l'année dernière）ある有名な（célèbre）女優と結婚した．
    2) 彼の車はとある店の前で（devant）とまった．
    3) 君たちは手を洗わなかったね．

第17課 関係代名詞

基本文例

1) Le garçon qui parle avec Marcel est mon cousin.
   マルセルと話している少年はぼくのいとこだ．

2) La revue que je lis est intéressante.
   私が読んでいる雑誌は面白い．

3) Voilà la maison où elle est née.
   あれが彼女が生まれた家です．

4) C'est la raison pour laquelle il n'est pas venu hier.
   これが彼が昨日来なかった理由です．

〔語句〕

1) **garçon**：少年　**qui**：関係代名詞（主語）　**parle**：parler の直説法現在形（parler avec ～：～と話をする）　**cousin**：いとこ
2) **revue**：雑誌　**que**：関係代名詞（直接目的語）　**lis**：lire（読む）の直説法現在形　**intéressant**(e)：面白い　3) **maison**：家　**où**：場所や時に関する関係代名詞（＝ where, when）　**né**(e)：naître（生まれる）の過去分詞　4) **raison**：理由　**pour laquelle**：前置詞＋関係代名詞　**venu**：venir（来る）の過去分詞

§1 性数変化をしない関係代名詞（1） qui と que

基本文例1：Le garçon qui parle avec Marcel est mon cousin.
　　　　　マルセルと話している少年はぼくのいとこだ．

基本文例 2：**La revue que je lis est intéressant*e*.**
　　　　　　　私が読んでいる雑誌は面白い．

　関係代名詞は，英語のそれと同じく，接続詞の役割を兼ねた代名詞です．もっとも重要で使用頻度の高い関係代名詞は qui と que です．
　qui は主語として機能します（基本文例 1）．先行詞は「人」でも「物」でも構いません．したがって，英語の関係代名詞の who と主語としての which に相当します．
　　Regardez la montre qui est sur la table.
　　　　テーブルの上にある時計を見てください．

　que は直接目的語として機能します（基本文例 2）．先行詞は「人」でも「物」でも構いません．したがって英語の whom と直接目的語としての which に相当します．
　　Voilà la maison *qu'il vient d'acheter.
　　　　あれが彼が買ったばかりの家です．

　＊ que は，母音字または無音の h で始まる語が後続すると，qu' となります．

　関係代名詞の qui および que は英語の〈it's 〜 that ...〉に相当する強調構文〈***c'est*** 〜 ***qui***（***que***）...〉「…するのは〜です」を構成します．ただし，英語と違って，主語を強調する場合は qui を，それ以外のものを強調する場合は que を用います．以下に用例を提示します．
　　Il a acheté une montre à Genève.　彼はジュネーヴで時計を買った．
　　→ **C'est lui qui a acheté une montre à Genève.**
　　　　ジュネーヴで時計を買ったのは彼です．
　　→ **C'est une montre qu'il a *acheté*e* à Genève.**
　　　　彼がジュネーヴで買ったのは時計です．
　　　　　＊過去分詞 achetée は先行する直接目的語 qu'（= montre）の性数と一致します（第 14 課 §2 参照）．
　　→ **C'est à Genève qu'il a acheté une montre.**
　　　　彼が時計を買ったのはジュネーヴです．

§2　性数変化をしない関係代名詞（2）　où, dont ほか

基本文例3：Voilà la maison où elle est née.
　　　　　　ほら，あれが彼女が生まれた家です．

où は「場所」や「時」に関する関係代名詞で，英語の関係副詞 **where** および **when** に相当します．

Je me souviens bien du jour où ma grand-mère est morte.
　　私は祖母が亡くなった日のことをよくおぼえています．

dont は〈de を含んだ関係代名詞〉で，先行詞は人または物，あるいは事柄で，ほぼ英語の **of which, of whom, whose** に相当します．

J'ai un ami dont le père est juge.
　　ぼくには父親が裁判官の友だちがいる．

〈***de*** 以外の前置詞＋***qui***〉

関係代名詞の qui が de 以外の前置詞と結合する場合があります．その場合，先行詞はつねに「人」です．

L'enfant à qui elle parle est très sage.
　　彼女が話している子供は非常に賢い．

§3　性数変化をする関係代名詞　前置詞＋lequel ほか

基本文例4：C'est la raison pour laquelle il n'est pas venu hier.
　　　　　　これが彼が昨日来なかった理由です．

前置詞と関係代名詞が結びつく場合，先行詞が人の場合は §2 で説明した通り，〈***de*** 以外の前置詞＋***qui***〉となります．しかし，先行詞が「物」の場合は（まれに「人」に用いられることもあります），以下の表の通り〈前置詞＋lequel〉となります．この lequel は性数変化をします．また，前置詞が〈à〉または〈de〉の場合は縮約します．

先行詞の性数	男性単数	女性単数	男性複数	女性複数
前置詞＋	**lequel** ルケル	**laquelle** ラケル	**lesquels** レケル	**lesquelles** レケル

à +	**auquel** オケル	**à laquelle** ア　ラケル	**auxquels** オケル	**auxquelles** オケル
de +	**duquel** デュケル	**de laquelle** ドゥ　ラケル	**desquels** デケル	**desquelles** デケル

参考１：Voici la revue dans laquelle j'ai lu cet article.
　　　　ほら，これが私があの記事を読んだ雑誌です．

参考２：Voilà le projet auquel j'ai songé depuis longtemps.
　　　　以上がぼくが長い間温めてきた計画です．

練習問題 17

1. 次の「関係代名詞」または「前置詞＋関係代名詞」群の中から適当なものを選んでカッコ内に書きなさい

　　　　dont　　où　　qui　　avec lequel　　à laquelle

1) Prenez le train (　　　) part à midi.
　　　正午に出発する列車に乗りなさい．
2) Voilà le dictionnaire (　　　) j'ai besoin.
　　　ほら，これがぼくに必要な辞書だ．
3) Je me rappelle le jour (　　　) il est venu ici.
　　　ぼくは彼がここにきた日のことを思い出す．
4) Voilà la lettre (　　　) vous devez répondre.
　　　ほら，これがあなたが返事を書かなければならない手紙です．
5) Volà l'appareil (　　　) il a pris ces photos.
　　　これが彼がこれらの写真をとったカメラです．

2. 次の文の下線部をそれぞれ強調する文章を作りなさい．
　　J'ai rencontré Louise dans la rue.
　　　→

　　　　→
　　　　→

3. 仏文和訳
   1) Voilà le livre dont il a parlé hier.
   2) Ce qui est important, c'est la vérité.
   3) Tu connais la jeune fille avec qui Jeanne joue au tennis?

4. 和文仏訳
   1) 先ほど（tout à l'heure）ぼくが話しかけた少年は彼の弟です．
   2) それはぼくらがすでに見たフランス映画（film）です．
   3) ぼくはきみが休暇を過ごした村（village）を知ってるよ．

第18課 疑問代名詞

基本文例

1) Qui joue du piano ?
   キ ジュゥ デュ ピアノ
   誰がピアノを弾いているのですか？

2) De qui parlez-vous ?
   ドゥ キ パルレ ヴー
   誰の話をしているのですか？

3) Qu'est-ce que tu cherches ?
   ケス ク テュ シェルシュ
   きみは何を探しているの？

4) Lequel de ces deux sacs veux-tu ?
   ルケル ドゥー セ ドゥー サーク ヴー テュ
   この二つのバッグのどちらが欲しい？

〔語句〕

1) **qui**：誰が（は）（疑問代名詞） **joue**：jouer de〜（〜を演奏する）の直説法現在形　2) **de qui**：誰について　**parler de〜**：〜について話す　3) **Qu'est-ce que**：何を（疑問代名詞の複合形）**cherches**：chercher（探す）の直説法現在形　4) **lequel de〜**：〜のなかの誰（何）　**sac(s)**：バッグ　**veux**：vouloir（を欲する）の直説法現在形

§1　性数変化をしない疑問代名詞

この型の疑問代名詞はさらに単純形と複合形に分かれます．

(1)　(a) 単純形　qui［キ］, que［ク］

基本文例1：Qui joue du piano ? *誰が*ピアノを弾いてるのですか？

参考1：Qui cherchez-vous ? あなたは*誰を*探しているのですか？

参考2：Que cherchez-vous ? あなたは*何を*探しているのですか？

95

単純形の qui と que は関係代名詞と同形です．しかし，用法に大きな違いがあります．
　関係代名詞の qui と que は「人」にも「物」にも用いられ，qui は主語，que は直接目的語として働きます．これに対して，疑問代名詞の qui は「人」にのみ用いられ，かつ主語（基本文例1）としても直接目的語（参考1）または補語としても用いられます．que は「物」に対して，しかも直接目的語（参考2）及び補語としてしか用いられません．

基本文例2：De qui parlez-vous ?　　*誰*の話をしているのですか？
　　参考3：De quoi parlez-vous ?　　*何*の話をしているのですか？

　また前置詞と疑問代名詞が結合する場合，「人」には qui（基本文例2），「物」には que ではなく quoi［クワ］（参考3）が用いられます．

(b) 複合形

基本例文3：Qu'est-ce que tu cherches ?
　　　　　きみは*何を*探しているの？

　複合形は全部で四つありますが，いずれも真ん中の est-ce［エス］は共通で，その前後の qui と que（qu'）の組み合わせで意味や用法が決まります．初めに qui が来れば「人」（誰），que（qu'）が来れば「物」（何）となり，最期に qui が来れば「主語」（が・は），que が来れば「直接目的語」か「補語」ということになります．

　以下に，今説明した a, b 二種の疑問代名詞の一覧表と例文を掲げます．

	主　　語	直接目的語・補語	間接目的語・状況補語
人	*qui* 誰が（は） キ *qui est-ce qui* 誰が(は) キ　エス　キ	*qui* 誰を キ *qui est-ce que* 誰を キ　エス　ク	*前置詞＋qui*

96

| 物 | *qu'est-ce qui* 何が(は)
ケス　キ | *que* 何を
ク
qu'est-ce que 何を
ケス　ク | 前置詞＋*quoi*
クワ |

文例：Qui arrive ? ＝ Qui est-ce qui arrive ? 　　誰が着くのですか．

　　　Qu'est-ce qui arrive ? 　　何が起きるのですか．

　　　Qui cherches-tu ? ＝ Qui est-ce que tu cherches ? 　　きみは誰を探しているの．

　　　Que cherches-tu ? ＝ Qu'est-ce que tu cherches ? 　　きみは何を探しているの．

　補語　Qui êtes-vous ? 　　どなたですか．

　　　　Qu'est-ce que c'est ? 　　こ(そ，あ)れは何ですか．

De qui parlez-vous ? 　　誰のことを話しているのですか．

A quoi pensez-vous ? 　　何を考えているのですか．

◆　単純形は主語と述語が倒置されることがありますが，複合形の場合は主語と述語の倒置がないことに注意してください．

§2　性数変化をする疑問代名詞

基本文例4：Lequel de ces deux sacs veux-tu ?
　　　　　　この二つのバッグのどちらが欲しいの？

　同種の名詞のうちのいずれかについて「誰」または「どれ」とたずねる場合，以下に表示する疑問代名詞が用いられます（関係代名詞と同形です）．

男性単数	女性単数	男性複数	女性複数
lequel ルケル	*laquelle* ラケル	*lesquels* レケル	*lesquelles* レケル

　なお，選択肢については，一般に前置詞 de 以下に提示されますが

(基本文例4)，先行する文に示されることもあります．

参考：Voilà des cravates. Laquelle choisissez-vous?
　　　　　ここに何本かのネクタイがあります．あなたはどれを選びますか．

また，この種の疑問代名詞は前置詞に先行されることがあります．その場合，前置詞が **à** と **de** の場合は第17課の関係代名詞の場合と同じく，次のように縮約されます．

(à)	*auquel* オケル	*à laquelle* ア　ラケル	*auxquels* オケル	*auxquelles* オケル
(de)	*duquel* デュケル	*de laquelle* ドゥ　ラケル	*desquels* デケル	*desquelles* デケル

参考1：Duquel de ces livres parlez-vous ?
　　　　これらの本のどの本の話をしているの？

参考2：Avec lequel de tes copains vas-tu à l'école ?
　　　　きみは友だちの誰と学校に行くの？

― 小会話3　別れるとき ―

Au revoir, mademoiselle.　　　さようなら
オ ルヴォワール, マドムワゼル

A bientôt.　　　ではまた近いうちに．
ア ビアントー

A demain.　　　ではまた明日．
ア ドゥマン

A la semaine prochaine.　　　では来週．
ア ラ スメーヌ　　プロシェーヌ

Bonne nuit !　　　お休みなさい．
ボンヌ ニュイ

練習問題 18

1. 次の疑問代名詞群のなかから適当なものを選び，その番号をカッコ内に書きなさい．

　　　　（1）qui　　（2）que　　（3）chez qui　　（4）de quoi
　　　　（5）qu'est-ce qui　　（6）qu'est-ce que　　（7）lequel

1) （　　）mange-t-elle ?　　　　彼女は何を食べますか．
2) （　　）attendez-vous ?　　　　誰を待っているのですか．
3) （　　）parlez-vous ?　　　　何の話をしているのですか．
4) （　　）vas-tu demain ?　　　　きみは明日誰の家に行くの？
5) （　　）est sur la table ?　　　　テーブルの上に何がありますか．
6) （　　）de ces films aimez-vous le mieux ?
　　　　これらの映画のうちあなたはどれが一番好きですか．
7) （　　）vous prenez comme dessert ?
　　　　あなたはデザートに何を食べますか．

2. 仏文和訳
   1) Qu'est-ce qu'il y a dans cette boîte（箱）?
   2) Qu'est-ce qui sent（sentir: においがする）si bon ?
   3) A laquelle de vos cousines envoyez-vous ce paquet（小包）?

3. 和文仏訳
   1) きみは誰と踊るの？
   2) あの若い女の人はどなたです？
   3) 彼女は何を眺めているのですか？

第19課 直説法単純未来と前未来/所有代名詞

基本文例

1) Il aura vingt ans l'année prochaine.
   イロラ ヴァンタン ラネ プロシェーヌ
   彼は来年二十歳になります．

2) J'aurai fini mes devoirs quand il viendra.
   ジョレ フィニ メ ドゥヴワール カンティル ヴィヤンドラ
   彼が来るころにはぼくは宿題をすませています．

3) Ton vélo est plus cher que le mien.
   トン ヴェロー エ プリュー シェール ク ル ミャン
   きみの自転車はぼくのより高い．

〔語句〕

1) **aura**：avoir（持つ）の直説法単純未来形　**vingt**：20　**an**(s)：年・歳　**année**：年　**prochain**(e)：次の　2) **aurai fini**：finir（終える・終わる）の直説法前未来形　**quand**：…する時 (when)　**viendra**：venir（来る）の直説法単純未来形　3) **vélo**：自転車　**cher**：高価な　**le mien**：所有代名詞（私のもの）

　この課では直説法の未来形を扱います．未来形には単純未来と前未来の２種類があります．いずれの場合も主要動詞の活用形の提示から始めます．

§1 直説法単純未来

〈活用形〉

chanter（歌う）シャンテ	finir フィニール	avoir アヴワール	être エートル
je chante*rai* ジュ シャントレ	je fini*rai* ジュ フィニレ	j'au*rai* ジョレ	je se*rai* ジュ スレ
tu chante*ras* テュ シャントラ	tu fini*ras* テュ フィニラ	tu au*ras* テュ オラ	tu se*ras* テュ スラ
il chante*ra* イル シャントラ	il fini*ra* イル フィニラ	il au*ra* イロラ	il se*ra* イル スラ
nous chante*rons* ヌー シャントロン	nous fini*rons* ヌー フィニロン	nous au*rons* ヌーゾロン	nous se*rons* ヌー スロン
vous chante*rez* ヴー シャントレ	vous fini*rez* ヴー フィニレ	vous au*rez* ヴーゾレ	vous se*rez* ヴー スレ
ils chante*ront* イル シャントロン	ils fini*ront* イル フィニロン	ils au*ront* イルゾロン	ils se*ront* イル スロン

フランス語の単純未来は，英語の意志未来に対立する単純未来ではなく，語尾変化によって時制が示される単純時制の未来という意味です．

◆ (1) 活用形語尾は，例外なく，-rai, -ras, -ra, -rons, -rez, -ront です．
(2) 語幹は，規則動詞の場合，不定詞から r を除いた部分になります．すなわち, chanter → chante, finir → fini です．

〈用法〉

単純未来は英語の未来にほぼ匹敵し，主な用法は以下の通りです．

A. 未来の行為や状態を表します．
基本文例1：Il aura vingt ans　　　　彼は来年二十歳になります．
l'année prochaine.
B. 予想や推測を表します．
Elle arrivera ce soir.　　　　彼女は今夜やって来るでしょう．
C. 話者の意思
J'arrêterai de fumer dès　　　　ぼくはただ今からタバコを止めます．
maintenant.

D. 命令や依頼
　　Tu viendra avec moi !　　　　　　一緒に来てよ！

§2　直説法前未来

　直説法前未来は〈助動詞の直説法単純未来形＋*過去分詞〉からなる複合時制です．まず，その活用例を以下に提示します．*助動詞が être の場合，過去分詞は主語の性数と一致します．

　　　　　chanter（歌う）　　　　　　　sortir（外へ出る）
　　　j' aurai chanté　　　　　　je serai sorti(*e*)
　　　　ジョレ　　シャンテ　　　　　　　　ジュ スレ　ソルティ
　　　tu auras chanté　　　　　　tu seras sorti(*e*)
　　　　テュ オラ　シャンテ　　　　　　　テュ スラ　ソルティ
　　　il aura chanté　　　　　　　il sera sorti
　　　　イロラ　　シャンテ　　　　　　　　イル スラ　ソルティ
　　　elle aura chanté　　　　　　elle sera sorti*e*
　　　　エロラ　　シャンテ　　　　　　　　エル スラ　ソルティ
　　　nous aurons chanté　　　　　nous serons sorti(*e*)*s*
　　　　ヌーゾロン　　シャンテ　　　　　　ヌー　スロン　ソルティ
　　　vous aurez chanté　　　　　vous serez sorti(*e*, *s*, *es*)
　　　　ヴーゾレ　　シャンテ　　　　　　　ヴー　スレ　ソルティ
　　　ils auront chanté　　　　　ils seront sorti*s*
　　　　イルゾロン　　シャンテ　　　　　　　　　スロン　ソルティ
　　　elles auront chanté　　　　elles seront sorti*es*
　　　　エルゾロン　　シャンテ　　　　　　エル　スロン　ソルティ

　基本文例2：J'aurai fini mes devoirs quand il viendra.
　　　　　　　彼が来る頃にはぼくは宿題をすませています．
　　　参考：Elle sera partie avant votre arrivée.
　　　　　　　あなたの到着前に，彼女は出かけているでしょう．

　単純未来が単純時制という形態から命名されているのに対して，前未来は用法に由来しています．すなわち，基準となる未来の時点以前に終了するはずの行為や状態を表します（ほぼ英語の未来完了に相当）．したがって，節が二つ存在し，一方が単純未来，他方が前未来で表されることが多い（基本文例2）．ただし，基準となる時が副詞句（たとえば

avant votre arrivée）で示されることもあります（参考）．

§3 所有代名詞

基本文例3：Ton vélo est plus cher que le mien.
　　　　　　きみの自転車はぼくのより高い．

所有代名詞は〈所有形容詞＋名詞〉に相当します．一例を挙げると mon livre（私の本）＝ le mien（私のもの）です．英語の my book ＝ mine に相当します．フランス語の所有代名詞の場合，被所有物の性数に応じて所有代名詞の形が変わり，それに先行する定冠詞の性数も定まります．以下にすべての所有代名詞を表示します．

所有者	被所有物			
	男性単数	女性単数	男性複数	女性複数
je	le mien ル　ミアン	la mienne ラ　ミエーヌ	les miens レ　ミアン	les miennes レ　ミエーヌ
tu	le tien ル　ティアン	la tienne ラ　ティエーヌ	les tiens レ　ティアン	les tiennes レ　ティエーヌ
il（elle）	le sien ル　スィアン	la sienne ラ　スィエーヌ	les siens レ　スィアン	les siennes レ　スィエーヌ
nous	le nôtre ル　ノートル	la nôtre ラ　ノートル	les nôtres レ　ノートル	
vous	le vôtre ル　ヴォートル	la vôtre ル　ヴォートル	les vôtres レ　ヴォートル	
ils（elles）	le leur ル　ルール	la leur ル　ルール	les leurs レ　ルール	

◆　所有代名詞はふつう既出のものを指しますが，男性複数形は次の例のように，いきなり用いられて家族や仲間を指すことがあります．

　　Toute la nuit, il *pensait aux siens laissés dans son pays.
　　　　　一晩中彼は国に残してきた家族のことを考えていた．

　＊ pensait（考えていた）：penser（考える）の直説法半過去（第20課参照）

練習問題 19

1. 次の動詞群から適当なものを選んで，カッコ内にその番号を記しなさい．
   1) porterez　2) pourras　3) viendrons　4) sera arrivée
   1) Nous (　　) le voir un jour.　私たちはいつか彼に会いに来ます．
   2) Vous (　　) ces papiers au bureau.
      この書類を会社に持って行ってください．
   3) Quand tu auras fini tes devoirs, tu (　　) sortir.
      宿題を終わったら，きみは出かけてもいいよ．
   4) Dès qu'elle (　　), nous commencerons la réunion.
      彼女が到着し次第，われわれは会議を始めましょう．

2. 下線部を所有代名詞に書き換えなさい．
   1) Voici ta place et voilà <u>sa place</u>.
   2) Mon père est médecin. Et <u>ton père</u> ?
   3) Cette maison est plus grande que <u>notre maison</u>.
   4) Leurs enfants sont plus intelligents que <u>nos enfants</u>.

3. 仏文和訳
   1) Nous serons en retard au théâtre ce soir.
   2) J'irai déjeuner aussitôt que（…するとすぐに）j'aurai fini ce travail.
   3) Ce ne sont pas vos chaussures（靴）. Ce sont les siennes.

4. 和文仏訳
   1) 来月，また来るからね．
   2) きみが帰ってくるころには，ぼくらは出かけています．
   3) それはきみの時計（montre）なの．――いや，彼のだよ．

第20課 直説法半過去と大過去

基本文例

1) Il dormait hier à onze heures du soir.
   イル ドルメ イェール ア オンズール デュ スワール
   昨夜11時には，彼は眠っていた．

2) Quand je suis arrivé à la gare, le train était déjà parti.
   カン ジュ スュイ アリヴェ ア ラ ガール ル トラン エテ デジャ パルティ
   私が駅に着いたとき，列車はすでに出発していた．

〔語句〕

1) **dormait**：dormir（眠る）の直説法半過去形　**onze**：11　**soir**：夕方・夜　2) **quand**：…するとき（接続詞）　**gare**：駅　**train**：列車　**était**：être の半過去形　**déjà**：すでに　**parti**：partir（出発する）の過去分詞

　フランス語には直説法だけでも5種類の過去形があります．そこで，すでに第12課で学習した複合過去を除く残り四つの過去形を，2課に別けて学習します．この課では半過去と大過去の活用形を学ぶことから始めましょう．

§1　直説法半過去

〈活用形〉

	chanter	avoir	être
	je chant**ais**	j'av**ais**	j'ét**ais**
	ジュ シャンテ	ジャヴェ	ジェテ
	tu chant**ais**	tu av**ais**	tu ét**ais**
	テュ シャンテ	テュ アヴェ	テュ エテ

il chant*ait*
イル　シャンテ
il av*ait*
イラヴェ
il ét*ait*
イレテ
nous chant*ions*
ヌー　シャンティヨン
nous av*ions*
ヌーザヴィヨン
nous ét*ions*
ヌーゼティヨン
vous chant*iez*
ヴー　シャンティエ
vous av*iez*
ヴーザヴィエ
vous ét*iez*
ヴーゼティエ
ils chant*aient*
イル　シャンテ
ils av*aient*
イルザヴェ
ils ét*aient*
イルゼテ

　ごらんの通り，直説法半過去は動詞の語尾変化によって人称と数の形が決まる単純時制です．

◆　活用語尾は全動詞が *-ais*, *-ais*, *-ait*, *-ions*, *-iez*, *-aient* で，例外はありません．

◆　語幹は直説法現在の一人称複数の語幹と同じです．例外は être だけです．

　　　　finir → nous *finiss*ons　　aller → nous *all*ons

〈用法〉

A.　線的過去：継続・同時性

　「半過去」のフランス語 imparfait ［アンパルフェ］は未完了を意味します．したがって，半過去の第一の用法は，過去の動作をまだ終結していないものとして「線」的に表すことです．つまり過去の動作の「継続」，あるいは基準となる過去との同時性を表します．これに対して第 12 課で学んだ複合過去は，過去の動作を終結したものとして「点」的に表します．

　　基本文例 1：Il *dormait* hier à onze heures du soir.（継続）
　　　　　　　　昨夜 11 時には，彼は眠っていた．

　すなわち，昨夜の 11 時という時点で「眠る」という行為が継続中であることを示しています．

◆　参考：Elle *a passé* ses vacances au bord de la mer.（終結）
　　　　　　彼女は休暇を海辺で過ごした．

B.　点線的過去：習慣・反復

　半過去はまた，点線というか，過去の習慣や反復を表します．

Tous les week-ends, nous allions chez nos parents.（習慣）
　　　ぼくらは週末毎に両親のもとに行ったものでした．

C. 時制の一致

主節が過去時制の時，従属節中の半過去形は主節と同時性を表します．

Il m'a dit que sa mère était malade.（過去に於ける現在）
　　　彼女は母親が病気だ，と私に言った．

参考 Il m'a dit：«Ma mère est malade.»
　　　彼は「母は病気です」と私に言った．

§2　直説法大過去

　大過去の形は〈助動詞の直説法半過去形＋過去分詞〉，つまり複合時制です．

　以下にその活用形を示します．助動詞が être の場合過去分詞は主語の性数と一致します．

chanter 歌う

j'avais chanté	nous avions chanté
tu avais chanté	vous aviez chanté
il avait chanté	ils avaient chanté

aller 行く

j'étais allé(*e*)	nous étions allé(*e*)*s*
tu étais allé(*e*)	vous étiez allé(*e*, *s*, *es*)
il était allé	ils étaient allé*s*
elle était allé*e*	elles étaient allé*es*

107

〈用法〉
大過去は英語のほぼ過去完了に相当し，過去のある時点までに完了している行為や状態を表します．

A. 完了した行為の結果である過去の状態を表わします．
基本文例2：Quand je suis arrivé à la gare, le train était déjà parti.
私が駅に着いたとき，列車はすでに出発していた．

B. 過去の行為の原因や理由を表します．
Il n'est pas arrivé à midi : sa voiture était tombée en panne.
彼は正午には着かなかった．車が故障したからだ．

C. 時制の一致
主節が過去時制のとき，従属節中の大過去形は主節に先立つ過去の行為や状態を表します．
Il m'a dit que sa mère avait été malade.（過去に於ける過去）
彼は母親は病気だった，と私に言った．
参考：Il m'a dit：«Ma mère était malade.»
彼は「母が病気でした」と私に言った．

練習問題 20

1. 次の動詞群の中から文意に沿う動詞を選び，その適切な形（複合過去・半過去・大過去）をカッコ内に記しなさい．

aller, avoir, jouer, perdre, retrouver, téléphoner

1) À midi, je lui (　　　　　　　).
正午にはぼくはすでに彼に電話をかけていた．

2) Il m'a dit qu'il (　　　　　　　) vingt ans.
彼は私に自分は二十歳だと言った．

3) J' (　　　　　　　　) danser le vendredi soir.
   ぼくは金曜の夜にはダンスをしに行ったものだ．
4) Elle (　　　　　　　　) le livre qu'elle
   (　　　　　　　　) avant-hier.
   彼女は一昨日なくした本を見つけた．
5) À ce moment, tu (　　　　　　　　) du piano dans le salon.
   その時，きみは客間でピアノを弾いていた．

2. 仏文和訳
   1) Il lisait le journal pendant que j'écrivais（écrire 書く）la lettre.
   2) Quand elle est rentrée, j'avais réparé（réparer 修理する）sa montre.
   3) Nous avons donné à notre mère tout l'argent que nous avions gagné（かせぐ）．

3. 和文仏訳
   1) その頃（à ce moment-là）ぼくは煙草を吸わなかった．
      煙草を吸う：fumer
   2) 母が亡くなったとき，妹は十歳でした．　死ぬ：mourir
   3) 電話が鳴ったとき，あなたは眠っていた．　鳴る：sonner
      眠る：dormir

第21課 直説法単純過去と前過去

基本文例

1) Elle ouvrit la porte et entra dans la salle des professeurs.
   エルヴリ ラ ポルト エ アントラ ダン ラ サル デ プロフェスール
   彼女はドアを開けて、教員室に入った．

2) Lorsque la classe eut fini, je me levai et sortis.
   ロルスク ラ クラース ユ フィニ ジュ ム ルヴェ エ ソルティ
   授業が終わると直ぐ，私は立ち上がって外に出た．

〔語句〕

1) **ouvrit**：ouvrir（開く）の直説法単純過去形　**porte**：ドア　**entra**：entrer（入る）の単純過去形　**salle**：（広い共用の）部屋・室　**professeur(s)**：教師・教授　2) **lorsque**：…とき　**classe**：授業・クラス　**eut fini**：finir（終わる）の直説法前過去形　**me levai**：se lever（起き上がる）の単純過去形　**sortis**：sortir（外へ出る）の単純過去形

　この課で学ぶ直説法の単純過去と前過去はいわば「書き言葉」であり，日常会話で用いられることはありません．日常会話では，単純過去を用いるべき所は複合過去が，前過去を用いるべき所は大過去が使用されます．

§1　直説法単純過去

　基本文例1：Elle ouvrit la porte et entra dans la salle des professeurs.
　　　　　　　彼女はドアを開けて，教員室に入った．

単純過去はその名称通り，単純時制の過去です．単純過去の出番が少なくなったのは複合過去の用途が拡大したこと，単純過去の活用が難しいことなどによります．

以下に4動詞の直説法単純過去形を提示します．

chanter	finir	avoir	être
je chant*ai* ジュ シャンテ	je fin*is* ジュ フィニ	j'*eus* ジュ ユ	je f*us* ジュ フュ
tu chant*as* テュ シャンタ	tu fin*is* テュ フィニ	tu *eus* テュ ユ	tu f*us* テュ フュ
il chant*a* イル シャンタ	il fin*it* イル フィニ	il *eut* イル ユ	il f*ut* イル フュ
nous chant*âmes* ヌー シャンタム	nous fin*îmes* ヌー フィニーム	nous *eûmes* ヌーズューム	nous f*ûmes* ヌー フューム
vous chant*âtes* ヴー シャンタート	vous fin*îtes* ヴー フィニート	vous *eûtes* ヴーズュート	vous f*ûtes* ヴー フュート
ils chant*èrent* イル シャンテール	ils fin*irent* イル フィニール	ils *eurent* イルズュール	ils f*urent* イル フュール

◆ 単純過去の語幹は一般に過去分詞の語幹と同じです．活用語尾は，上記の -ai 型，-is 型，-us 型 のほか，-ins 型（venir, tenir など）の4型だけです．

〈用法〉

単純過去は，「線」的な過去である半過去とは対照的に，過去の行為や事柄を，すでに終わったものとして「点」的に表現します．ただし，前述の通り，日常会話では単純過去ではなく複合過去が用いられます．

Hier soir, il dîna dans ce restaurant.
　　　　　　　昨夜彼はこのレストランで夕食をとった．
参考：Hier soir, il a dîné dans ce restaurant.

§2 直説法前過去

基本文例2：Lorsque la classe eut fini, je me levai et sortis.
　　　　　授業が終わると直ぐ，私は立ち上がって外に出た．

前過去の活用は〈助動詞の単純過去形＋*過去分詞〉，つまり複合時

制です．

　　＊助動詞が être の場合，過去分詞は主語の性数と一致します．

以下に二つの動詞 chanter と partir の直説法前過去形を記します．

chanter	partir 出発する
j'e**us** chanté (ジュ シャンテ)	je f**us** parti(**e**) (ジュ フュ パルティ)
tu e**us** chanté (テュ ユ シャンテ)	tu f**us** parti(**e**) (テュ フュ パルティ)
il e**ut** chanté (イリュ シャンテ)	il f**ut** parti (イル フュ パルティ)
nous e**ûmes** chanté (ヌーズューム シャンテ)	nous f**ûmes** parti(**e**)**s** (ヌー フューム パルティ)
vous e**ûtes** chanté (ヴーズュート シャンテ)	vous f**ûtes** parti(**e**)(**s**) (ヴー フュート パルティ)
ils e**urent** chanté (イルズュール シャンテ)	ils f**urent** parti**s** (イル フュール パルティ)

〈用法〉

　前過去は単純過去とセットで用いられることが多く，単純過去で示されている過去の時点以前（「前過去」という用語の由来）に完了した行為や事柄を表します．その点，大過去と似ていますが，前過去の場合は基準となる過去の「直前」に完了した行為を表します．したがって前過去は dès que, quand, lorsque 等々「時」を表す接続詞(句) とともに用いられることが多い．

　Dès qu'il fut sorti de la maison, la pluie commença à tomber.
　　　　　　彼が家から出ると直ぐに雨が降り始めた．

練習問題 21

仏文和訳

1. Napoléon Bonaparte naquit en Corse en *1769.
   * 1769：[ミル セト サン スワサント ヌフ]
   naquit：naître（生まれる）の直説法単純過去

2. Dès qu'elle eut lu la lettre, elle se mit à pleurer.
   lu：lire（読む）の過去分詞
   se mit（mettre）à ...：…し始める

3. Julien tira sur elle un coup de pistolet et la manqua ; il tira un second coup, elle tomba.
   tira：tirer の直説法単純過去　tirer sur 〜（〜を撃つ）
   （スタンダール「赤と黒」より）

4. La planète suivante était habitée par un buveur. Cette visite fut très courte, mais elle plongea le petit prince dans une grande mélancolie.
   buveur：酒飲み　mélancolie：憂うつ，憂愁
   （サンテグジュペリ「星の王子様」より）

第22課 中性代名詞／指示代名詞

基本文例

1) Il est *jeune*, mais je ne *le* suis plus.
　　彼は若い，しかし私はもうそうではない．

2) *C'*est justement *ce* qu'il a dit.
　　それこそまさに彼が言ったことです．

〔語句〕

1) **jeune**：若い　**mais**：しかし　**ne ... plus**：もう（もはや）…ではない　**le**：jeune を受ける中性代名詞　　2) **C'**(**ce**)：中性代名詞　主語として機能　**justement**：まさに　**ce**：関係代名詞の先行詞　**ce qu'**(**que**)：先行詞を含む英語の関係代名詞 what に相当　**dit**：dire（言う）の過去分詞

§1　中性代名詞

　これまで学んだ代名詞は，たとえば直接目的語人称代名詞 le, la, les のように，関係する名詞の性数に応じて性数変化をします．これに対して中性代名詞は性数変化をすることもなく，普通の代名詞ではカバーできないような語，あるいは語句の代わりをします．中性代名詞には le, en, y の3種類あります．

　1. le

　　　基本文例1：Il est *jeune*, mais je ne *le* suis plus.
　　　　　　　　彼は若い，しかし私はもはやそうではない．

　　中性代名詞の le は補語（名詞・形容詞）や不定詞や節などの代わりをします．

基本文例1をご覧なさい．le が先行する形容詞 jeune の代わりをしていることは容易に推測できますね．この le が中性代名詞です．le は補語形容詞や補語名詞のほか，以下のように不定詞や節もカバーします．

参考1：Vous pouvez **venir** avec moi ?
　　　　— Non, je ne ***le** peux pas.
　　　　　　ぼくと一緒に来られますか．　—いいえ，行けません．
参考2：Tu sais **qu'elle est malade** ?　— Oui, je ***le** sais.
　　　　　　彼女が病気だということを知ってる？　—ええ，知ってます．
　　　＊参考1の le は不定詞 venir を，参考2の le は名詞節 qu'elle est malade「彼女が病気だということ」を受けています．

2．en

中性代名詞の en はいろいろなものをカバーします．以下その主なものを提示します．

(a)〈de ＋名詞（代名詞・不定詞・節）〉に相当します．

参考1：Vous venez **de Londres** ?　— Oui, j'***en** viens.
　　　　　　あなたはロンドンからいらしたのですか．—ええ，私はそこから来ました．
参考2：Tu as encore besoin **de cette boîte** ?　— Oui, j'***en** ai besoin.
　　　　　　きみはまだこの箱が必要ですか．　—ええ，（それが）必要です．
　　　＊参考1の en は de Londres を，参考2の en は de cette boîte を受けています．

(b)〈不定冠詞または部分冠詞＋名詞〉に相当します．

参考1：Avez-vous **des frères** ?　— Non, je n'***en** ai pas.
　　　　　　ご兄弟はいらっしゃいますか．　—いいえ，いません．
参考2：Tu manges **de la viande** ?　— Oui j'***en** mange.
　　　　　　きみは肉を食べますか．　—はい，食べます．
　　　＊参考1の en は des frères を，参考2の en は de la viande を受けています．

(c) 〈数形容詞＋名詞〉の名詞，〈分量の副詞＋ de ＋名詞〉の de ＋名詞を受けます．

参考：Combien de *frères* as-tu ? — J'*en* ai deux.
何人ご兄弟がいらっしゃいますか．——二人です．

— J'*en* ai beaucoup.
——たくさんおります．

＊最初の en は frères を，第 2 の en は de frères を受けています．

3. y
(a) 〈à ＋名詞（代名詞・不定詞・節）〉に代わります．

参考：Elle habite *à Chicago* ? — Oui, elle *y* habite.
彼女はシカゴに住んでいるのですか．——ええ，そこに住んでいます．

＊y は à Chicago を受けています．

(b) 〈en, dans, sur, chez などの前置詞＋名詞または代名詞〉に代わります．

＊ただし，これらの前置詞が「場所」を表す場合に限ります．

参考：Tu vas *chez sa tante* ? — Oui, j'*y* vais.
きみは彼の伯母さんの家に行くの？ ——ええ，そこに行きます．

＊y は chez sa tante を受けています．

§2 指示代名詞

指示代名詞は性数変化をしないものとするものとに別かれます．

1. 性数変化をしないもの

ce(*c'*)	*ceci*	*cela*(*ça*)
ス	ススィ	スラ (サ)

(a) ce はふつう être の主語（単数および複数として機能）または関係代名詞の先行詞（事柄を表す）としてしか用いられません．

基本文例 2：*C'*est justement *ce* qu'il a dit.
それこそまさに彼が言ったことです．

c'est の c'（= ce）は主語として，ce qu' の ce は関係代名詞 qu'（= que）の先行詞として機能しています．
(b) ceci, cela は主として物を受けます．ceci は近い方を，cela は遠い方を指します．ça は日常語で，cela に代わって用いられることが多い．

　　　参考：Je préfère *ceci* à *cela*.　ぼくはあれよりこれの方が好きです．
2. 性数変化をするもの

男性単数	女性単数	男性複数	女性複数
celui スリュイ	*celle* セル	*ceux* スー	*celles* セル

この型の指示代名詞は一般に先行する名詞を受け，それと性数を一致させます．しかもたいていは de や関係代名詞節による限定の下に用いられます．

　　参考1：Voici mon sac, voilà celui de ma cousine.
　　　　　　こちらは私のバッグで，あちらは従姉（いとこ）のバッグです．
　　参考2：Cette robe est justement celle que je cherche.
　　　　　　このドレスはまさに私が探しているものです．

◆　ただし，遠近を示す限定詞 -ci（近）-là（遠）との複合形は単独でも用いられます．

　　Laquelle de ces cravates préférez-vous, celle-ci ou celle-là ?
　　　　これらのネクタイのどれが好きですか．こちらですか，あちらですか．

◆　この型の指示代名詞がそれとはっきり分かる先行の名詞なしに用いられることがあります．その場合は漠然と「人」あるいは「人々」を指します．

　　J'aime celui qui poursuit toujours son rêve.
　　　　ぼくはいつも夢を追っている人が好きです．

練習問題 22

1. 次の各文のカッコ内に適当な中性代名詞を入れなさい．
   1) Est-elle fatiguée ? — Oui, elle (　　　) est.
   2) Tu as des sœurs ? — Oui, j' (　　　) ai une.
   3) Il pense à son avenir ? — Oui, il (　　　) pense.
   4) Tu veux partir tout de suite ? — Oui, je (　　　) veux.

2. 次の各文のカッコ内に適当な指示代名詞を入れなさい．
   1) Ceci est moins cher que (　　　).
      こちらはあちらほど高くない．
   2) Je ne comprends pas (　　　) qu'elle fait.
      ぼくには彼女がすることが理解できない．
   3) Ce sont mes lunettes et (　　　) de Robert.
      これはぼくの眼鏡とロベールのそれだ．
   4) Voilà deux vélos. Celui-ci est à moi, et (　　　) est à mon frère.
      ここに自転車が2台あります．こっちはぼくので，あっちは兄のです．

3. 仏文和訳
   1) Y a-t-il encore du vin ? — Oui, il y en a beaucoup.
   2) Ce que vous dites est très intéressant.

4. 和文仏訳
   1) あなたはポルトガル（**Portugal**）に行きますか？ —はい，行きます．
   2) ここでタバコを吸っても（**fumer**）いいですか．—ええ，いいですよ．

第23課 現在分詞とジェロンディフ

基本文例

1) On aime les jeunes filles obéissant à leurs parents.　両親の言うことを聞く娘さんが好かれる．

2) Étant malade, elle ne peut pas sortir.　病気なので，彼女は外出できない．

3) J'ai rencontré Louis en sortant du théâtre.　ぼくは劇場から出るとき，ルイとばったり出会った．

〔語句〕

1) **on**：「一般に人は」または「人々」という意味で用いられる主格の不定代名詞　**jeune(s)**：若い　**fille(s)**：娘　**obéissant**：obéir（従う）の現在分詞形　**parent(s)**：親　2) **étant**：être の現在分詞　**malade**：病気の　**peut**：pouvoir（…することができる）の直説法現在形　**sortir**：外へ出る　3) **rencontré**：rencontrer（出会う）の過去分詞　**en sortant**：sortir のジェロンディフ　**théâtre**：劇場

§1　現在分詞

1. 現在分詞の作り方

    単純形：現在分詞の単純形は一般に直説法現在の一人称複数形の語尾 ons を ant に替えて作ります．

    chanter → nous chant**ons** → chant**ant**
    finir → nous finiss**ons** → finiss**ant**

◆ 主な例外：avoir → ayant, être → étant, savoir → sachant
複合形：助動詞の現在分詞＋過去分詞
　　ayant chanté, étant allé（*e*, *s*, *es*）, s'étant levé（*e*, *s*, *es*）

2. 用法

現在分詞は形容詞的に機能します．その用法は次の二つに大別できます．

(a) 基本文例1：On aime les jeunes filles ***obéissant*** à leurs parents.
　　　　　　　（＝ ***qui obéissent*** à leurs parents.）
　　　　　　　両親の言うことを聞く娘さんが好かれる．

現在分詞は，基本文例1のように，関係代名詞節相当の付加形容詞的に機能します．ただし，現在分詞が形容詞化すると，以下のように修飾する名詞と性数一致を起こします．

比較：les jeunes filles obéissant**es**（従順な）［形容詞］

(b) ***分詞節を形成し，同格形容詞的に働いて同時性・条件・対立・原因などを表します．***

　　基本文例2：Étant malade, elle ne peut pas sortir.（原因）
　　　　　　　病気なので，彼女は外出できない．

　　参考1：Il mangeait, lisant son journal.（同時性）
　　　　　彼は，新聞を読みながら，食べていた．

　　参考2：Partant à sept heures, vous y serez à midi.（条件）
　　　　　7時に出発すれば，あなたは正午にはそこに着くでしょう．

現在分詞の複合形：主たる動詞が表す時に先立つ時制を表します．

　　比較：Ayant terminé une lettre, il est sorti pour la poster.
　　　　手紙を書き終えると，彼はそれを出しに行った．

§2 ジェロンディフ

基本文例3：J'ai rencontré Louis ***en sortant*** de l'église.
　　　ぼくは，教会から出ると，ルイに会った．

　参考：J'ai rencontré Louis ***sortant*** de l'église.
　　　ぼくは教会から出て来るルイに会った．

　これまで学んできた現在分詞に形，用法ともよく似たものにジェロンディフがあります．形は〈en＋現在分詞〉で，前置詞 en に先導されている点が現在分詞とは違います．用法に関しては**現在分詞が形容詞的に働く**のに対して，**ジェロンディフは副詞的に働くことが決定的に違います．**

　基本文例3の en sortant は副詞的に機能するジェロンディフですから，動詞 rencontrer にかかり，主語 je の行為を表しています．これに対して参考文例の sortant は形容詞的に機能する現在分詞ですから，直前の Louis の行為を表しています．

　なお，ジェロンディフは前述の同時性の他に，条件・対立・原因などを表します．

（条件）Il arrivera à temps en prenant un taxi.
　　　タクシーに乗れば，彼は間に合うよ．

（対立）Tout en mangeant beaucoup, elle ne grossit pas.
　　　彼女はたくさん食べるけど，太りません．

　　◆　tout はジェロンディフに先行して，同時性や対立を強調します．

（原因）En travaillant très bien, il a réussi à ses examens.
　　　一所懸命勉強したので，彼は試験に合格した．

練習問題 23

1. 下線部とほぼ同じ意味を持つ文章を次の文例の中から選び、その番号をカッコ内に書き入れなさい。

   <u>N'ayant pas d'argent,</u> je n'ai rien acheté.　答（　　　）
   1) Je n'avais pas d'argent, et
   2) Comme j'avais de l'argent,
   3) Si j'avais de l'argent,

   Ne fumez pas <u>en mangeant</u>.　　　　答（　　　）
   1) parce que vous mangez.　2) et vous mangez.
   3) quand vous mangez.

   <u>En cherchant bien</u>, vous le trouverez.　答（　　　）
   1) Comme vous avez bien cherché,
   2) Quand vous avez bien cherché,
   3) Si vous cherchez bien,

2. 仏文和訳
   1) Qui est ce garçon venant d'entrer ?
   2) Étant très sympathique, elle est aimée de tout le monde.
   3) En consultant le dictionnaire, tu trouveras le sens exact de ce mot.

3. 和文仏訳（現在分詞またはジェロンディフを使うこと）
   1) いすの上で眠っている（**dormir**）猫をごらんなさい．
   2) 彼はいつも（**toujours**）歌いながら歩く．
   3) 昼食が終わると、彼は直ぐに出て行った．

第24課

条件法

基本文例

1) S'il faisait beau aujourd'hui, je sortirais.
   スィル　フゼ　　ボー　オジュルデュイ　　ジュ　ソルティレ

   もし今日天気がよければ，外出するのですが….

2) S'il avait fait beau hier, je serais sorti.
   スィラヴェ　フェ　ボー　イェール　ジュ　スレ　ソルティ

   もし昨日天気がよかったら，外出したでしょうに….

〔語句〕

1) **si**(**s'**)：もし…なら　**il**：非人称代名詞　il fait beau は「晴れている」　**faisait**：faire の直説法半過去形　**sortirais**：sortir（外出する）の条件法現在形　2) **avait fait**：faire の直説法大過去形　**serais sorti**：sortir の条件法過去形

§1　条件法の活用形

　これまで，動詞と言えば，命令法・分詞法のほかは，もっぱら直説法を学んできました．この課では「条件法」を学びます．

　まず，条件法現在の活用形を提示します．

chanter	avoir	être
je chante*rais*	j'au*rais*	je se*rais*
tu chante*rais*	tu au*rais*	tu se*rais*
il chante*rait*	il au*rait*	il se*rait*
nous chante*rions*	nous au*rions*	nous se*rions*
vous chante*riez*	vous au*riez*	vous se*riez*
ils chante*raient*	ils au*raient*	ils se*raient*

◆ 1) 語幹は直説法単純未来の語幹と同じです．
　2) 活用語尾は直説法半過去の活用語尾の前に **r** を加えたものです．

条件法過去は全動詞が次の方式にしたがって活用します．

> 助動詞の条件法現在形＋*過去分詞

　　chanter：j'aurais chanté ……
　　　　　　ジョレ　　シャンテ

　　aller：je serais allé(*e*) ……
　　　　　ジュ　スレザレ

　＊助動詞が être の場合，過去分詞は主語の性数と一致します．

§2　条件法の用法

　条件法にはいくつかの用法がありますが，もっとも重要なのは「事実に反する仮定のもと」の帰結を示すことです．

1.　事実に反する仮定のもとの帰結

　　基本文例1：S'il faisait beau aujourd'hui, je ***sortirais***.
　　　　　　　もし今日天気がよければ，外出するのですが…．

　　　　参考：S'il fait beau demain, je ***sortirai***.
　　　　　　　明日天気がよければ外出します．

　　基本文例2：S'il avait fait beau hier, je ***serais sorti***.
　　　　　　　もし昨日天気がよかったら，外出したでしょうに…．

　基本文例1は「しかし，今日は天気が悪いので外出できない」というのが真意です．つまり「現在の事実に反する仮定のもと」の帰結を「条件法現在形」を用いて表しているのです．一見英語の仮定法と似ていますが，仮定法が条件節に適用されるのに対して，条件法は主節（帰結節）に現れるのが大きな違いです．

　これに対して参考文例は，「明日晴れていれば外出する」が「そうでなければ外出しない」と，実現可能な内容を表現しているに過ぎません．そこで主節には直説法の単純未来形が使用されているのです．

また，基本文例2は「過去の事実に反する仮定のもと」の帰結を「条件法過去」を用いて表しています．なお，「現在の事実に反する仮定」は直説法半過去で，「過去の事実に反する仮定」は直説法大過去で表現しています．

条件節と帰結節の語法の関係をまとめると，次の通りになります．

	従節（条件節）	主節（帰結節）
現在の事実に反する仮定	si ＋直説法半過去	条件法現在
過去の事実に反する仮定	si ＋直説法大過去	条件法過去

2. 条件法の他の用法
   (a) 語調緩和（ていねいな言い方になります）
   　参考1：Je voudrais voir votre père.
   　　　　お父上にお目にかかりたいのですが….

   　参考2：Pourriez-vous fermer la fenêtre ?
   　　　　窓を閉めて頂けないでしょうか….

   (b) 推測・伝聞
   　参考1：Il n'est pas venu. Il serait malade.
   　　　　彼は来なかった．病気なのでしょう．

   　参考2：D'après la télé, il y aurait eu un accident de voiture sur la route nationale.
   　　　　テレビによると，国道で自動車事故があったらしい．

3. 動詞の時の一致（条件法の場合）
　この項では条件法と「時の一致」について学びます．条件法は主節の動詞が過去時制の時に登場します．まず，次の二つの文例をご覧なさい．

   　参考1：Il a dit qu'il partirait à midi.
   　　　　彼は正午に出発すると言った．

   　参考2：Il a dit qu'il aurait fini ce travail avant midi.
   　　　　彼は正午までにこの仕事を仕上げると言った．

この2例とも，「彼が言った」とき彼の「出発する」行為も「仕上げる」行為も未だ実現していません．つまり二つとも「言った」時点を基準とすると，未来の行為，厳密には「過去に於ける未来」の行為に属します．このような場合，一般には条件法現在（**partirait**）が用いられます．それが，文例1のケースです．

　ところが，文例2では条件法現在ではなく，条件法過去が用いられています．というのも，「仕上げる」行為が基準となる未来の時点「正午」（**midi**）以前に完了するはずの行為，つまり前未来（未来完了）を表しているからです．

　すなわち，主節の動詞が「過去」の場合，「過去に於ける未来」を表すときは条件法現在，「過去に於ける前未来」を表すときは条件法過去が用いられるのです．

--- 小会話4　お礼 ---

Merci bien(beaucoup / infiniment).　どうもありがとう．
メルスィー ビアン　ボクー　アンフィニマン

Je vous remercie.　ありがとうございます．
ジュ ヴー ル メルスィー

— **Merci de(pour) votre lettre.**　お手紙ありがとうございます．
メルスィー ドゥ（プール）ヴォトル レートル

— **De rien. / Ce n'est rien.**　どういたしまして．
ドゥ リアン ／ ス ネ リアン

--- お詫び ---

Pardon.　失礼
パルドン

Excusez-moi.　ごめんなさい．
エクスキュゼ ムア

Excusez-moi d'être en retard.　遅れてごめんなさい．
エクスキュゼ ムア デートル アン ルタール

Je suis désolé(e) de vous déranger.
ジュ スュイ デゾレ ドゥ ヴー デランジェ
　すみません。おじゃまします．

— **Je vous en prie.**　どういたしまして．
ジュ ヴーザン プリ

練習問題 24

1. 次の動詞群の中から適当なものを選び，カッコ内にその条件法現在形または過去形を書きない．

   　　　acheter, aimer, devoir, entrer, venir
   1) Tu (　　　　) partir plus tôt.
   　　　君はもっと早く発つ方がいいでしょう．
   2) J' (　　　　) partir tout de suite.
   　　　直ぐ出かけたいのですが…．
   3) Le voleur (　　　　) par cette fenêtre.
   　　　泥棒はこの窓から入ったらしい．
   4) Elle a dit que vous (　　　　) chez moi.
   　　　彼女はあなたが私の所に来るだろうと言った．
   5) Si j'avais eu de l'argent, j' (　　　　) un i Pod.
   　　　もしぼくがお金を持っていたら，i Pod を買つたのだが…．

2. 仏文和訳
   1) Tu aurais dû être plus prudent.
   2) Pourriez-vous me prêter ce dictionnaire ?
   3) Si ce sac n'était pas si cher, je pourrais l'acheter.

3. 和文仏訳
   1) この本を買いたいのですが…．
   2) もし私がもっと若ければ，スキーをする (faire du ski) のだが…．
   3) 君は彼女が今夜我が家に着くと言ったね．

第25課 接続法

基本文例

1) Je veux qu'il réussisse à son examen.
   ぼくは彼が試験に合格することを望んでいる．

2) C'est le meilleur dictionnaire que je connaisse.
   これは私の知る最良の辞書です．

3) Je partirai avant qu'il ne fasse jour.
   夜が明けないうちに出発するつもりです．

4) Qu'elle rentre tout de suite!
   彼女が直ちに帰ってくるように！

〔語句〕

1) **veux**：vouloir（望む）の直説法現在形　**qu'**（= **que**）：that に相当する接続詞　**réussisse**：réussir［à に］（合格する）の接続法現在形　**examen**：試験　2) **le meilleur**：bon（よい）の最上級　**dictionnaire**：辞書　**que**：関係代名詞　**connaisse**：connaître（知る）の接続法現在形　3) **partirai**：partir（出発する）の直説法単純未来形　**avant que**：…する前に　**ne**：虚字の ne　**fasse**：faire の接続法現在形　**faire jour**：夜が明ける　4) **rentre**：rentrer（帰る）の接続法現在形

§1　接続法の活用形

例によって先ず接続法現在の活用形を，次いで接続法過去の活用形を提示します．

chanter（歌う）	avoir	être
je chante ジュ　シャント	j'aie ジェ	je sois ジュ　スワ
tu chantes テュ　シャント	tu aies テュ　エ	tu sois テュ　スワ
il chante イル　シャント	il ait イレ	il soit イル　スワ
nous chantions ヌー　シャンティヨン	nous ayons ヌーゼイヨン	nous soyons ヌー　スワイヨン
vous chantiez ヴー　シャンティエ	vous ayez ヴーゼイエ	vous soyez ヴー　スワイエ
ils chantent イル　シャント	ils aient イルゼ	ils soient イル　スワ

◆　活用語尾は *-e*, *-es*, *-e*, *-ions*, *-iez*, *-ent* です．例外は avoir と être のみです．

◆　語幹は直説法現在三人称複数の語幹と同じです．例外は avoir, être, aller, vouloir, faire, pouvoir, savoir などです．

接続法過去は全動詞が次の方式にしたがって活用します．

> 助動詞の接続法現在＋*過去分詞

　　chanter：j'aie chanté ……
　　　　　　　　ジェ　　シャンテ
　　aller：je sois allé (*e*) ……
　　　　　　ジュ　スワザレ
　　＊助動詞が être の場合，過去分詞は主語の性数と一致します．

§2　接続法の用法

　基本文例１：Je veux qu'il réussisse à son examen.
　　　　　　　ぼくは彼が試験に合格することを望んでいる．
　　参考：Je sais qu'elle est violoniste.
　　　　　　ぼくは彼女がヴァイオリニストであることを知っています．

　基本文例１では，話者は彼の合格を望んでいますが，それが実現するか否かは分かりません．こんなふうに話者の頭の中にあって実現するかどうか分からない不確実な事柄は接続法（réussisse）を用いて表現し

ます．したがって，接続法は多くの場合従属節中に現れます．それに対して，参考文例では話者は彼女がヴァイオリニストであることを事実として知っています．そこで，事柄をありのままに述べる用法である直説法（est）が使用されているのです．

以上の原則に基づいて接続法の様々な用法を文例とともに提示します．

1. 名詞節の中で

   (a) 主節の動詞が意思・願望・命令・懸念などを表すとき

   Dites-lui qu'il dise la vérité.（命令）
   　　　　　　　彼にほんとのことを話すように言って下さい．

   Je crains (craindre) qu'il ne* pleuve.（懸念）
   　　　　　　　雨が降らないかしら．

   ◆　ne*は否定のneではなく「雨が降ると困る」「雨よ，降るな」という心理的な否定を表す〈虚辞のne〉です．

   (b) 主節が（a）と同じような意味を持つ非人称表現であるとき

   Il faut que tu partes avec eux.
   　　　　　　　きみは彼らと出発しなければなりません．

   (c) 主節が否定形や疑問形で従属節の内容が不確実であるとき

   Je ne crois pas qu'il sache la vérité.
   　　　　　　　ぼくは彼が真相を知っているとは思いません．

   　参考：Je crois qu'il sais la vérité.
   　　　　　　　ぼくは彼が真相を知っていると思います．

   　　　　croire（信ずる・思う）の肯定形が用いられているので，従属節の内容は確実なものと思われます．

2. 形容詞節（関係詞節）の中で

   (a) 先行詞が最上級またはそれに準ずる表現（seul, unique, premier, dernier など）を含むとき

   基本文例2：C'est le meilleur dictionnaire que je connaisse.
   　　　　　　　これは私の知る最良の辞書です．

   　準最上級：Vous êtes le seul homme qui puisse m'aider.
   　　　　　　　あなたはぼくを助けることのできるただ一人の人です．

（b）否定または疑問を表す主節中の語を限定するとき，
　　Y a-t-il quelqu'un qui sache bien cette règle?
　　　　　　　誰かこの規則をよく知っている人はいませんか？
（c）関係詞節がまだ実現されていない希望や目的を表すとき，
　（希望）　Il cherche une secrétaire qui soit forte en anglais.
　　　　　　　彼は英語が得意な秘書を探している．
　（事実）　Il a une secrétaire qui est forte en anglais.
　　　　　　　彼には英語が得意な秘書がいます．

3. 副詞節の中で

先行する時，目的，譲歩，条件，対立などを表す接続詞句・前置詞句の後に

基本文例3：Je partirai avant qu'il *ne fasse jour.
　　　　　　　夜が明けないうちに出発するつもりです．

◆ *ne は虚字の ne（名詞節の項参照）

参考：Parlez plus lentement pour que nous comprenions bien.
　　　　　私たちがよく分かるように，もっとゆっくり話してください．

4. 独立節の中で

接続法はふつう従属節中に用いられますが，時に独立節中に用いられて，命令や願望を表します．

基本文例4：Qu'elle rentre tout de suite !
　　　　　　　彼女が直ちに帰ってくるように！

参考：Vive la France !　　フランス万歳！

◆ vive は vivre の接続法現在形

練習問題 25

1. 次の動詞群の中から適当なものを選び，カッコ内にその接続法現在形または過去形を書きなさい．

   étre, pleuvoir, pouvoir, réussir, terminer

   1) Je veux qu'elle (　　　　　) heureuse!
      彼女が幸せになってほしい．
   2) Que ses projets (　　　　　)!　彼の計画が成功するように！
   3) Il n'y a personne qui (　　　　　) le faire.
      それができる人は誰もいない．
   4) Je ne crois pas qu'il (　　　　　) son travail.
      彼が仕事を終わったとは思いません．
   5) Bien qu'il (　　　　　), elle fait du jogging.
      雨が降っているのに，彼女はジョギングをする．

2. 仏文和訳
   1) Que personne n'entre dedans!
   2) Il faut que je rentre chez moi avant six heures.
   3) L'homme est le seul animal qui sache qu'il doit mourir.

3. 和文仏訳
   1) 彼が来ると思いますか．
   2) 彼らは貧しい（pauvre）けれど，たいへん幸せです．
   3) きみはわれわれが見つけた唯一の証人（témoin）だ．

第26課

直接話法と間接話法

基本文例

1) Il m'a dit : «Je t'aime.»　彼は「きみが好きだよ」と私に言った．

2) Il m'a dit qu'il m'aimait.　彼は私が好きだと私に言った．

〔語句〕

1) **m'a dit**：私に言った　　m'(＝ me)は間接目的語(私に)　dit は dire（言う）の過去分詞　　t'(＝ te)は直接目的語(きみを)　**aime**：aimer（愛する）の直説法現在形　　2) **qu'**(＝ **que**)：接続詞（＝ that）　**m'aimait**：m'(＝ me)は直接目的語　aimait は aimer の直説法半過去形．

§1　直接話法と間接話法：時制の照応

　人が実際に口に出したり頭の中で考えたりしたことをそのままの形で伝える話法を直接話法（基本文例 1），同じ内容を話し手の言葉に直して伝える話法を間接話法（基本文例 2）と言います．直接話法の場合，伝達動詞［主節の動詞］（dire, demander など）の後にドゥーブワン(:)をつけ，引用文をそのままギュメ « » でくくります．間接話法の場合，平叙文であれば，伝達文は接続詞の que に導かれます．その場合，伝達文は話し手の視点から書き改められます．基本文例で je が il に，te が me に動詞 aimer が直説法現在形から半過去形になっているのがそうです．

　なお，話法の変換に伴う時制の一致は次の原則によります．

1.　伝達動詞が直説法現在または未来のとき　→　伝達文の時制は不変

Il dit：«J' étais content.» → Il dit qu'il était content.
　　　　　彼は「うれしかった」と言っている．→　彼は自分はうれしかったと言っている．

Il dira：«J' étais content.» → Il dira qu'il était content.
　　　　　彼は「うれしかった」と言うだろう．→　彼は自分はうれしかったと言うだろう．

2. 伝達（主節）動詞が過去時制のとき，伝達文の動詞は矢印の方向に変化します．

> 　　　　　　　　直接話法　　　間接話法
> 　　　　　　　　直説法現在　→　直説法半過去（過去における現在）
> 主節の時制「過去」　直説法過去　→　直説法大過去（過去における過去）
> 　　　　　　　　直説法単純未来　→　条件法現在（過去における未来）
> 　　　　　　　　直説法前未来　→　条件法過去（過去における未来完了）

時制の一致の原則には伝達文の種類（平叙文・疑問文・命令文）による変動はありません．

◆　話法の転換の際，主として時に関する副詞（句）が変わる場合があります．その主なものを挙げると，
　　　aujourd'hui（今日）→　ce jour-là（その日）
　　　hier（昨日）→　la veille（前日）
　　　demain（明日）→　le lendemain（翌日）
　　　maintenant（今）→　alors（そのとき）
　　　ce matin［soir］（今朝）［今夜］
　　　　　　　　→　ce matin［soir］-là（その朝）［その夜］
　　　ici（ここ）→　là（そこ）

§2　話法の転換文例

主節の動詞が過去時制の文例を，以下伝達文の種類別に挙げます．
1. **平叙文の場合**：伝達文を先導するのは接続詞 que
　　　Il a dit：　　　　　　　　Il a dit

«Je suis content.»   qu'il était content.
  «J' étais content.»   →   qu'il avait été content.
  «Je serai content.»   qu'il serait content.
  «J'aurai été content.»   qu'il aurait été content.

2. 疑問文の場合
  (a) 疑問詞を伴わない疑問文の場合：伝達文を先導するのは接続詞 si

    Il m'a demandé：«As-tu de la fièvre ?»
       「熱があるの？」と彼は私にきいた．

    → Il m'a demandé si j'avais de la fièvre.

  (b) 疑問詞を伴う疑問文の場合：同じ疑問詞を使うのが原則．

    Il m'a demandé：   Il m'a demandé   彼は私に尋ねた．
    «Quel âge as-tu ?» quel âge j'avais. 何歳かと
    «Où va-t-elle ?»   où elle allait.   どこに行くのかと
    «Qui aimes-tu ?»   qui tu aimais   誰を愛しているのかと

    ◆ ただし qu'est-ce qui は ce qui に，que または qu'est-ce que は ce que になります．

    Il m'a demandé：«Qu'est-ce qui est arrivé ce matin?»
        彼は私に「今朝何が起きたの？」と尋ねた．

      → Il m'a demandé ce qui était arrivé ce matin-là.
        彼は私にその朝何が起きたのかと尋ねた．

    Il m'a demandé：«Que regardes-tu ?» 何を見ているのかと
      → Il m'a demandé ce que je regardais.

    ◆ 直接話法の疑問文に主語と動詞の倒置があれば，間接話法では，「主語＋動詞」の順にもどします．

3. 命令文の場合
  伝達文中の命令形は〈de ＋不定詞〉となります．
  Il m'a dit：«Viens chez moi.» 彼は「ぼくの家に来て」と私に言った．
      → Il m'a dit de venir chez lui.

基本文型

(a) 主語 ＋ 動詞
　　Ses yeux brillent.　彼女の眼は輝いている．

(b) 主語 ＋ 動詞 ＋ 補語
　　Je suis amoureux.　ぼくは恋をしている．

(c) 主語 ＋ 動詞 ＋ 直接目的語
　　J'aime Marie.　ぼくはマリを愛しているのだ．

(d) 主語 ＋ 動詞 ＋ 間接補語
　　Je pense toujours à elle.　ぼくはいつも彼女のことを考える．

(e) 主語 ＋ 動詞 ＋ 直接目的語 ＋ 間接目的語
　　Je donne une bague à Marie.　ぼくはマリに指輪を与える．

(f) 主語 ＋ 動詞 ＋ 直接目的語 ＋ 補語
　　Je rends Marie heureuse.　ぼくはマリを幸せにする．

練習問題 26

1. 次の各文を間接話法に変えて，書き直しなさい．
   1) Il a dit : «Je pars demain.»
   2) Louise m'a demandé : «Êtes-vous prête ?»
   3) Elle m'a demandé : «Pourquoi pleures-tu ?»
   4) Elle m'a dit : «Je suis très occupée cette semaine.»
   5) Il m'a demandé : «Qu'est-ce que tu veux dire ?»
   6) Il m'a dit : «J'irai chercher ma sœur à la gare.»
   7) La secrétaire m'a demandé : «Qui voulez-vous voir ?»

2. 次の各文を直接話法に変えて，書き直しなさい．
   1) Il m'a dit d'entrer.
   2) Jean m'a demandé si j'avais acheté un vélo la veille.
   3) Il nous a demandé ce que nous prenions comme boisson.

「超入門フランス語」練習問題解答

練習問題 1

1. journaux bras questions tuyaux yeux gaz
2. une un des des　3) l' la le les
4. Qu'est-ce que c'est ? — C'est le chapeau de Jean.

練習問題 2

1. 1) Je suis avocat.　　2) Tu as une montre.
   3) Ils sont dans le jardin.　4) Vous avez des amis.
2. 1) 彼女は教会の前にいます．
   2) ポールの妹（姉）はロンドンにいます．
   3) 彼らは警官です．　4) 彼（女）の息子は二十歳です．
   5) ぼくらは正しいが，彼らは間違っている．
3. 1) Qu'est-ce que c'est ? — Ce sont les revues de Paul.
   2) Elle a deux clés.

練習問題 3

1. 1) du　　2) de l'　　3) des
2. 1) ぼくはお腹が痛い．　2) 私は歯が痛い．
   3) 彼女は事務所にいます．4) 彼らは畑にいます．
3. 1) Paris est la capitale de la mode.
   2) C'est le drapeau du Brésil.
   3) Il y a un arbre dans le jardin.

練習問題 4

1. haute active dangereuse blanche chienne actrice
2. gros beaux nationaux
3. grosses sociales longues vieilles
4. 1) スイスの時計はすぐれています．
   2) 彼女は新車を持っています．
5. 1) Les filles de Jean ont des voix charmantes.
   2) La montre du professeur est sur la table.

練習問題 5

1. 1) de l'　　2) de la　　3) Les, des　　4) du, le

2. 1) commençons　　　　2) préfère
3. 1) 彼女たちは非常に早く歩きます．
   2) ルイは夕食後テレビを見ます．
   3) あなたは事業に成功します．
   4) 彼らは大人たちの言うことをよく聞きます．
4. 1) Elles aiment la musique.　　2) J'achète de la viande.
   3) Elle choisit des chaussures rouges.
   4) Ils habitent à New York.

練習問題 6

1. 1) Ce sont mes gommes.　　2) C'est ta robe.
   3) Ce sont leurs élèves.
2. 1) cette voiture　　　　　　2) cet avion
   3) ce crayon　　　　　　　4) ces tables
3. 1) 彼はタオルで手をふく．　　2) 私たちは出発日を早めます．
   3) ほら，ここにノートがあります．ぼくの友だちのノートです．
   4) ぼくは夏休みの宿題を片付けます．
4. 1) Voilà la montre de Marie.
   2) Voici un livre et voilà des revues.

練習問題 7

1. 1) viens　　2) dois　　3) veut　　4) pouvons
2. 1) 君はもうすぐ十歳になるのだぞ．
   2) ぼくは6時まで働かなければなりません．
   3) 彼女らは車を運転することができます．
3. 1) Elle sait nager.　　2) Elle vient d'arriver à l'hôpital.
   3) Votre cousine veut cette poupée.

練習問題 8

1. 1) veulent　2) part　3) savez　4) doit
   5) fait　　6) dis
2. 1) Ce ne sont pas des sacs.　　2) Nous n'aimons pas le vin.
   3) Vous n'avez pas de fromage.
   4) Il n'y a pas de chats sous la table.
3. 1) あなたは何も見ていません．　2) びんの中に砂糖がある．
   3) ぼくらは野菜しか食べません．
4. 1) Il n'a pas de frères.　　2) Tu ne parles jamais de ta famille.
   3) Je veux faire du ski en Suisse cet hiver.

練習問題 9

1. 1) Parle-t-elle anglais ?   2) Sa cousine est-elle heureuse ?
   3) N'êtes-vous pas allemand ?
2. 1) ジュリは毎晩炊事をしますか．
   2) この辺りに銀行はありませんか．
   3) 彼はフランスにはいませんか．　—いいえ，彼はフランスにいます．
   　　　　　　　　　　　　　　　　—はい，彼はフランスにはいません．
3. 1) Est-ce qu'il ne joue pas au golf ?
   2) Aime-t-elle la musique ?   3) Y a-t-il du sel dans le pot ?
   4) N'as-tu pas d'enfants ?

練習問題 10

1. 1) pourquoi   2) depuis quand
   3) comment   4) à quelle
2. 1) 休みは何日ありますか？
   2) 今日は何曜日ですか？　—月曜です．
   3) 彼はいつまでベルリンに滞在するのですか？　—今月の末まで滞在します．
3. 1) Où sont les toilettes ?   2) Quelles fleurs aimez-vous ?
   3) Elles sont un peu fatiguées.

練習問題 11

1. 1) le mieux   2) moins grand   3) plus petite
   4) la plus jeune   5) aussi âgée
2. 1) crois   2) met   3) connaissons   4) vivent
   5) prends
3. 1) 彼らは祖国のために死ぬ．
   2) 彼女はスーツケースをベッドの下に置く．
   3) 弟はサンタクロース（の存在）を信じている．
4. 1) Il prend son journal.   2) Mon oncle vit à la campagne.
   3) Vous connaissez son adresse ?

練習問題 12

1. 1) choisi   2) été   3) eu   4) allé
   5) venu   6) fait
2. 1) Elle est montée en autobus.

- 2) Avez-vous visité le Louvre ?
- 3) Il a voulu aller au théâtre.
- 4) Tu n'as pas parlé avec Louis.
3. 1) きみはいつパスポートをなくしたの.
- 2) 私たちは魚は食べなかった.
- 3) 彼女は15年前にリヨンで生まれた.
- 4) ぼくは休暇を海岸で過ごした.
4. 1) Le train est déjà parti.
- 2) Avez-vous fini vos devoirs（votre devoir）?
- 3) Je suis allé aux Etats-Unis cet été.
- 4) Elle est venue ici en taxi.

練習問題 13

1. 1) Louise est respectée de tout le monde.
- 2) Jacques a ouvert cette valise.
- 3) Ces photos ont été prises par André.
- 4) Son père n'a pas grondé Jeanne.
2. 1) 雨が降りそうだ.　　　2) まだ2ユーロ足りない.
- 3) 青年が警官に尋問された.
- 4) 時間に間に合うためにはタクシーに乗らなくてはなりません.
3. 1) Louise a été invitée par Paul.
- 2) Pour sortir, il faut ouvrir cette porte.
- 3) Il est très dangereux de nager ici.

練習問題 14

1. 1) elle　　2) l'　　3) eux　　4) vous [toi]
- 5) la, lui　6) les, leur
2. 1) 彼女はぼくと同い年だ.
- 2) きみはサラを知ってるかい？　—うん，友だちの家で彼女に会ったよ.
- 3) ルノワールさんは奥さんをオペラに連れて行きましたか？
　　　　　　　　　　　—ええ，連れて行きました.
3. 1) Il a salué cette dame ? — Oui, il l'a saluée.
- 2) Tu viens avec moi ? — Non, je reste avec lui.
- 3) Lui, il veut nager, mais elle, elle ne veut pas nager.

練習問題 15

1. 1) Apportez-les-leur.　　　2) Ne le lui présentez pas.
2. 1) （一例 Demandons le chemin à cette dame.）

2) （一例 Ne montrez pas cette photo à vos cousins.）
3. 1) 怖がらないでください． 2) 飲み過ぎるな！
   3) 駅にピエールを迎えに行きましょう．
4. 1) Ne mange pas trop ! 2) Soyez positifs, mes élèves.
   3) Allez chez lui tout de suite.

練習問題 16

1. 1) se moque 2) Habille-toi
   3) vous reposez 4) s'arrête
2. 1) Ils se sont regardés l'un l'autre.
   2) Elle s'est cassé la jambe au ski.
   3) Catherine s'est mariée avec un médecin.
   4) Nous nous sommes souvenus de notre enfance.
3. 1) きみの猫はテーブルの下に隠れた．
   2) 彼（女）の店は町の中心街にある．
   3) 今日，ぼくらは森の中を散歩しました．
4. 1) Il s'est marié avec une actrice célèbre l'année dernière.
   2) Sa voiture s'est arrêtée devant une boutique.
   3) Vous ne vous êtes pas lavé les mains.

練習問題 17

1. 1) qui 2) dont 3) où 4) à laquelle
   5) avec lequel
2. C'est moi qui ai rencontré Louise dans la rue.
   C'est Louise que j'ai rencontrée dans la rue.
   C'est dans la rue que j'ai rencontré Louise.
3. 1) ほら，あれが昨日彼が話した本です．
   2) 大切なこと，それは真実だ．
   3) 君はジャンヌが一緒にテニスをしている娘さんを知ってるかい？
4. 1) Le garçon à qui j'ai parlé tout à l'heure est son frère.
   2) C'est un film français que nous avons déjà vu.
   3) Je connais le village où tu as passé les vacances.

練習問題 18

1. 1) 2 2) 1 3) 4 4) 3
   5) 5 6) 7 7) 6
2. 1) この箱の中に何が入っているの？
   2) 何がこんなにいい匂いがするの？

3) 従姉妹（いとこ）さんのうちのどなたにこの小包を送るのですか？
3. 1) Avec qui danses-tu ?
   2) Qui est cette jeune femme ?
   3) Qu'est-ce qu'elle regarde ?

練習問題 19

1. 1) 3   2) 1   3) 2   4) 4
2. 1) la sienne 2) le tien 3) la nôtre 4) les nôtres
3. 1) 今夜ぼくらは劇場に遅れるでしょう．
   2) ぼくはこの仕事が終わればすぐに，昼食を取りに行きます．
   3) それはあなたの靴ではありませんよ．彼のです．
4. 1) Je reviendrai le mois prochain.
   2) Lorsque tu rentreras, nous serons sortis.
   3) C'est ta montre ? — Non, c'est la sienne.

練習問題 20

1. 1) avais téléphoné   2) avait   3) allais
   4) a retrouvé, avait perdu   5) jouais
2. 1) ぼくが手紙を書いている間彼は新聞を読んでいた．
   2) 彼女が戻ってきたとき，私は彼女の時計の修理を終わっていた．
   3) ぼくらは稼いだ金を全部母親にあげた．
3. 1) Je ne fumais pas à ce moment-là.
   2) Quand ma mère est morte, ma sœur avait dix ans.
   3) Quand le téléphone a sonné, vous dormiez.

練習問題 21

1) ナポレオン・ボナポルトは1769年にコルシカ島に生まれた．
2) 手紙を読むやいなや，彼女は泣き出した．
3) ジュリアンは彼女に向けてピストルを撃った，が，撃ちそこなった．彼は2発目を撃った．彼女は倒れた．
4) 次の惑星には飲んべえが住んでいた．この星には長くはいなかった（この星の訪問は非常に短かった）．だが，それは王子様をひどくゆううつな気分にした（沈めた）のだった．

練習問題 22

1. 1) l'   2) en   3) y   4) le
2. 1) cela   2) ce   3) celles   4) celui-là

3. 1) まだワインはありますか．　—ええ，まだたくさんあります．
   2) あなたがおっしゃることはとても興味深い．
4. 1) Vous allez au Portugal ? — Oui, j'y vais.
   2) Puis-je fumer ici ? — Oui, vous le pouvez.

練習問題 23

1. (1)　(3)　(3)
2. 1) あの入ってきたばかりの少年は誰？
   2) 彼女はとても感じがいいので，みんなに好かれている．
   3) 辞書を引けばこの語の正確な意味が分かるよ．
3. 1) Regardez un chat dormant sur la chaise.
   2) Il marche toujours en chantant.
   3) Ayant déjeuné, Il est sorti tout de suite.

練習問題 24

1. 1) devrais　2) aimerais　3) serait entré
   4) viendriez　5) aurais acheté
2. 1) きみはもっと慎重にすべきだったのに…．
   2) この辞書を貸して頂けますか．
   3) もしこのバッグがこんなに高くなければ，買えるのですが…．
3. 1) Je voudrais acheter ce livre.
   2) Si j'étais plus jeune, je ferais du ski.
   3) Tu as dit qu'elle arriverait chez moi ce soir.

練習問題 25

1. 1) soit　2) réussissent　3) puisse　4) ait terminé
   5) pleuve
2. 1) 誰も中に入らないように！
   2) ぼくは6時までに帰宅しなければなりません．
   3) 人間はみずからが死ぬことを知っている唯一の動物です．
3. 1) Croyez-vous qu'il vienne ?
   2) Bien qu'ils soient pauvres, ils sont très heureux.
   3) Tu est le seul témoin que nous ayons trouvé.

練習問題 26

1. 1) Il a dit qu'il partais le lendemain.
   2) Louise m'a demandé si j'étais prête.

3) Elle m'a demandé pourquoi je pleurais.
   4) Elle m'a dit qu'elle étais très occupée cette semaine-là.
   5) Il m'a demandé ce que je voulais dire.
   6) Il m'a dit qu'il irait chercher sa sœur à la gare.
   7) La secrétaire m'a demandé qui je voulais voir.
2. 1) Il m'a dit : «Entre.»
   2) Jean m'a demandé : «Avez-vous acheté un vélo hier ?»
   3) Il nous a demandé : «Qu'est-ce que vous prenez comme boisson ?»

著者紹介

調佳智雄［しらべ・かちお］早稲田大学名誉教授
　　　　　　　　　　　　　（フランス語，フランス文学）

目録進呈　落丁本・乱丁本はお取替えいたします。

平成 25 年 12 月 30 日　Ⓒ 第 1 版　発行

超入門　フランス語	著　者　調　佳　智　雄
	発行者　佐　藤　政　人
	発　行　所
	株式会社　大　学　書　林
	東京都文京区小石川 4 丁目 7 番 4 号
	振替口座　00120-8-43740 番
	電　話　(03)3812-6281〜3 番
	郵便番号 112-0002

ISBN978-4-475-01591-2　　　　　　豊国印刷／精光堂

大学書林
語学参考書

著者	書名	判型	頁数
調佳智雄／ジャン-マリ・ルールム 共著	フランス語ことわざ用法辞典	B6判	382頁
調佳智雄／加藤雅郁 編	フランス語分類単語集	新書判	280頁
伊東英／調佳智雄 訳註	モーパッサン短篇集 I	B6判	208頁
伊東英／調佳智雄 訳註	モーパッサン短篇集 II	B6判	208頁
調佳智雄／曽根田憲三 訳注	仏-英（ポー，ボードレール）黒猫／ウィリアム・ウィルソン	B6判	248頁
調佳智雄／原潔 訳注	仏-独（ティーク）金髪のエクベルト	B6判	176頁
伊東英 編	カナ発音仏和小辞典	B小型	768頁
徳尾俊彦／畠中敏郎 著	フランス語四週間	B6判	376頁
小林路易／島岡茂 編	フランス語常用6000語	B小型	344頁
出水慈子 編	フランス語会話練習帳	新書判	186頁
出水慈子 著	ビジネスマンのフランス語	B6判	216頁
秋田玄務 著	英語対照フランス語会話	B6判	192頁
山田原実／島田実 著	新しい仏文解釈法	B6判	320頁
川本茂雄 著	高等仏文和訳演習	B6判	328頁
島田実 著	やさしい仏文解釈	B6判	132頁
島岡茂 著	フランス語統辞論	A5判	912頁
島岡茂 著	フランス語の歴史	B6判	192頁
島岡茂 著	古フランス語文法	B6判	240頁
市川慎一 著	コミュニケーションの仏作文 ―基礎編―	B6判	112頁
市川慎一 著	コミュニケーションの仏作文 ―中級編―	B6判	136頁

―― 目録進呈 ――

大学書林
語学参考書

著者	書名	判型	頁数
島岡　茂著	続・フランス文法の背景	B6判	248頁
島岡　茂著	古プロヴァンス語文法	B6判	168頁
工藤　進著	南仏と南仏語の話	B6判	168頁
会津　洋／滑川明彦著	絵で見るフランス語入門	B6判	304頁
小河織衣他著	初めて学ぶフランス語	B6判	176頁
城野節子著	ひとりでできるフランス語	B6判	152頁
北川・椎名・樋口著	わかるフランス語	A5判	94頁
佐佐木茂美訳注	薔薇の物語	B6判	152頁
瀬戸直彦編著	トルバドゥール詞華集	A5判	376頁
ピエール・コルネイユ作／鈴木暁訳註	ル・シッド	B6判	176頁
但田栄訳注	アポリネールのコント	B6判	228頁
吉田郁子訳注	セヴィニェ夫人の手紙	B6判	164頁
佐竹龍照／内田英一訳注	英仏（ワイルド）サロメ	B6判	224頁
佐竹龍照／内田英一訳注	英仏（ゴーティエ, ハーン）クラリモンド	B6判	256頁
島岡　茂著	英仏比較文法	B6判	264頁
佐野直子編	オック語分類単語集	新書判	376頁
多田和子編	オック語会話練習帳〈ラングドシヤン〉	新書判	168頁
多田和子著	現代オック語文法	A5判	296頁
多田和子編	ガスコン語会話練習帳	新書判	200頁
工藤　進著	ガスコーニュ語への旅	B6判	210頁

―― 目録進呈 ――

大学書林
語学参考書

作者/訳註	書名	判型	頁数
モーパッサン作 小泉清明訳註	首飾り	新書判	128頁
ドーデー作 島岡 茂訳注	風車小屋だより	新書判	108頁
アポリネール作 望月芳郎訳註	アポリネールの詩と短篇小説	新書判	128頁
坂部甲次郎訳注	フランス・コント傑作集	新書判	104頁
モーパッサン作 大塚幸男訳註	女の一生	新書判	80頁
スタンダール作 島田 実訳註	恋愛論	新書判	104頁
バルザック作 石田友夫訳註	ファチノ・カーネ	新書判	136頁
松尾邦之助著	巷のフランス語（1）	新書判	134頁
ワイルド作 望月一雄訳註	サロメ	新書判	112頁
アポリネール作 赤木富美子訳注	アポリネール短篇傑作集	新書判	112頁
モリエール作 秋山伸子訳注	守銭奴	新書判	208頁
アラン・フルニエ作 榊原直文訳注	モーヌの大将	新書判	214頁
シャトーブリアン作 湟野ゆり子訳注	ルネ	新書判	158頁
ジョルジュ・サンド作 金山富美訳注	愛の妖精	新書判	152頁
ジャン・ジャック・ルソー作 但田 栄訳注	孤独な散歩者の夢想	新書判	154頁
ジャン・ジャック・ルソー作 但田 栄訳注	エミール	新書判	176頁
エミール・ゾラ作 吉田典子訳注	居酒屋	新書判	192頁
ボードレール作 松井美知子訳注	パリの憂鬱	新書判	136頁
ジェラール・ド・ネルヴァル作 坂口哲啓訳注	シルヴィ	新書判	178頁

――目録進呈――